文物数字化色彩复原的
关键方法研究

李　娜　著

西安电子科技大学出版社

内容简介

　　修复是文物数字化保护的重要内容，该研究领域面临大量的技术性工作，其中色彩复原是其重要研究分支。本书共 7 章内容：第 1 章为绪论，介绍色彩复原的研究意义及相关方法的研究现状与发展动态；第 2 章论述文物色彩复原中，彩色参考图像集建立过程的多因素定性决策问题，分析基于层次分析法的色彩复原层次结构模型；第 3 章研究由文档处理领域过渡到图像处理领域的词袋模型在图像分类技术上的应用；第 4 章介绍基于颜色特征和纹理特征的图像检索系统；第 5 章论述褪色文物表面图像的色彩复原问题；第 6 章对彩色图像质量评价的相关研究进行总结；第 7 章对多视角褪色纹理图像色彩复原后的表面纹理重建进行论述。

　　本书内容翔实，可作为高校计算机及相关专业的研究生教材，亦可供计算机科学与技术、媒体制作等领域的科技工作者参考。

图书在版编目(CIP)数据

文物数字化色彩复原的关键方法研究/李娜著. —西安：
西安电子科技大学出版社，2020.10(2024.1 重印)
ISBN 978 - 7 - 5606 - 5729 - 5

Ⅰ. ①文…　Ⅱ. ①李…　Ⅲ. ①数字技术－应用－文物修整－研究
Ⅳ. ①G264.3-39

中国版本图书馆 CIP 数据核字(2020)第 096984 号

策　　划　陈　婷
责任编辑　买永莲
出版发行　西安电子科技大学出版社(西安市太白南路 2 号)
电　　话　(029)88202421　88201467　　　邮　　编　710071
网　　址　www.xduph.com　　　　　　　电子邮箱　xdupfxb001@163.com
经　　销　新华书店
印刷单位　西安日报社印务中心
版　　次　2020 年 10 月第 1 版　2024 年 1 月第 2 次印刷
开　　本　787 毫米×960 毫米　1/16　印　张　10.5
字　　数　185 千字　　　　　　　　定　　价　32.00 元
ISBN 978 - 7 - 5606 - 5729 - 5/G
XDUP　6031001－2
如有印装问题可调换

前　言

数字化色彩复原以彩色图像处理技术为基础，采用计算机虚拟现实方法，在不造成二次破坏的前提下实现褪色文物色彩的真实感重现，对现代考古、创新旅游、虚拟展示及褪色过程的反演模拟具有重要的现实意义。

建立彩色参考图像集与褪色文物的匹配关系是文物数字化色彩复原的重要前提，图像色彩复原技术是其重要技术支持，多视角透视配准是其实现保障。文物数字化色彩复原包括彩色参考图像集模型的建立、色彩元素的特征提取、文物图像分类、彩色参考图像检索、色彩复原方法以及彩色参考图像与褪色文物模型的配准等内容。本书从褪色文物模型出发，对基于彩色参考图像集的色彩复原方法进行论述，主要有以下 6 部分内容：

（1）针对参考彩色图像集建立过程的多因素定性决策问题，论述基于层次分析法的色彩复原层次结构模型。在层次分析法的基础上，进行褪色文物相关色彩元素的知识发现。利用七步法建立以色彩损坏程度、文物历史朝代、相关历史事件、相关习俗及相关工艺五个主要影响因素作为准则层的层次模型。

（2）研究由文档处理领域过渡到图像处理领域的词袋模型在图像分类技术上的应用。针对特征提取环节，讨论改进的 SURF 描述子相较于传统 SIFT 描述子的优势，这种方法可使视觉词典的构造方法更加可靠有效。另外，还介绍了基于稳定初值分布的 K-Means 聚类方法。

（3）介绍基于颜色、形状和纹理特征的图像检索系统。基于颜色特征的检索系统通过 HSV 颜色空间模型描述图像颜色，用颜色矩表达图像颜色特征，用曼哈顿距离进行相似性度量，用实验数据验证系统的可行性。基于形状特征的图像检索系统，用 Canny 算子检测图像边缘，通过形状不变矩描述图像的区域特征，结合二者提取图像的形状特征。基于纹理特征的图像检索系统，利用图像的预分割技术，并基于傅里叶描述子提取图像纹理特征。

（4）研究褪色文物表面图像的色彩复原问题。根据褪去色彩的灰度图像对色彩复原问题进行描述，对颜色迁移技术中主要颜色空间的数学转换关系进行分析。同时，介绍颜色迁移技术及相关算法，并在独立成分分析基础上介绍基于 ICA 的亮度距离与邻域标准差的混合距离色彩复原算法。

（5）研究色彩复原图像的客观质量评价指标，即彩色图像质量评价方法。首先介绍人眼视觉系统的相关知识，以及几种常用的彩色图像质量评价方法。然后利用峰值信噪比提取亮度和色度的信息熵，经过计算得出相应参数值，作为彩色图像质量评价值。

（6）研究多视角褪色纹理图像色彩复原后的表面纹理重建。基于摄影测量学原理，利用相机标定技术，分析重建过程中的照片像点、相机光心及模型物点三者间的几何关系。在分析由三点共线方程建立透视投影矩阵的基础上，对表面重建的数学模型（即多视角透视投影方程组）进行计算，并对相机标定技术的相关方法与研究现状进行讨论。用线性方程组的数值解法求解多视角透视投影方程组，并具体分析了线性方程组的数值解法。

本书每章均有小结并附有参考文献，以便于参考查阅。

由于作者的理论水平和实践经验有限，书中不妥与疏漏之处在所难免，敬请广大读者批评指正。

作　者

2020 年 3 月

目　　录

第 1 章

绪 论

修复是文物数字化保护的重要内容，该研究领域面临着大量的技术性工作，色彩复原是其重要研究分支。数字化色彩复原以彩色图像处理技术为基础，采用计算机虚拟现实方法，在不造成二次破坏的前提下实现褪色文物色彩的真实感重现。这将对现代考古、创新旅游、虚拟展示及褪色过程的反演模拟产生重要的现实意义。

1.1 相 关 技 术

彩色图像处理中的颜色迁移技术，为色彩复原即褪色纹理图像彩色化提供了有效方法，但是复原效果对彩色参考图像的选择有较强的依赖性，克服这种局限的方式之一是利用彩色参考图像集来学习关于合适颜色组合的隐式规则。建立彩色参考图像集与褪色文物的配准关系，是色彩复原的重要研究基础，包括彩色参考图像集模型的建立、色彩元素的特征提取、褪色图像与彩色图像的特征匹配。

彩色参考图像集的建立属于定性的决策过程，层次分析法（Analytic Hierarchy Process，AHP）是一种将定性与定量相结合的决策分析方法，常被用于多目标、多准则、多要素及多层次的非结构化复杂决策问题。该方法通过将思维过程中有关决策的专家经验等定性分析与现场测量的定量分析相结合，提高了决策的科学性、有效性，兼具更好的鲁棒性，能够为彩色参考图像集的建立提供决策支持。

图像配准技术诞生于 20 世纪 70 年代的北美，经过 40 多年的发展，已在红外搜索系统、目标检测、遥感地理、医学分析等领域中取得重要地位，成为近年来研究的热点。图像配准技术在遥感数据分析中用于不同图像传感器的数据融合，在医学图像分析中用于非同时刻、场景环境下的图像差异分析，在计算机视觉中用于成像系统和物体场景变化情况下的三维坐标信息获取。另外，还可以应用于机器视觉系统中目标工件的分辨与位置参数的确定等。图像配准为不同时间或空间下的多幅彩色参考图像和褪色图像建立映射关系，通常在几何空间意义上来定义这种映射关系；研究两者之间的配准计算时，以后者作为标准，可将后者看作模板图像，前者则看作目标图像序列。为实现模板图像和目标图像序列的配准计算，需要求解前后两者之间的潜在关系，即几何变换模型参数；求得最优解，为配准结果支持的后续色彩复原提供有效支持。

特征提取和匹配算法是图像配准算法研究的基础。特征提取时，首先要确定选取何种基元作为特征以及特征的检测方式。可选取灰度、点、边界、轮廓、直线等特征中任意一类或几类作为基元。特征匹配是比较对应基元以确定其是否配准的方法。完整的配准包含对特征进行匹配进而计算变换模型的搜索策略方法，如穷举法、多尺度搜索、广义 Hough 变换、线性规划等。尽管图像配准算法大致有一个共同的框架，但是在不同应用背景下仍需要根据具体情况选择不同的方法以达到最佳配准效果。由于特征提取和特征匹配的稳定性和准确性直接决定了图像配准的精确程度，所以在特征提取及相似性测度即特征匹配的方法选择上尤其如此。

利用图像配准对褪色图像和彩色参考图像集进行特征提取而得到特征集合，再通过相似性度量找到匹配的特征。图像的特征点比图像的像素点要少很多，大大减少了配准过程的计算量。同时特征点的提取过程可以减少噪声的影响，对灰度变化、图像形变和遮挡等都有较好的适应能力，在图像配准领域得到了广泛应用。但特征提取方法的计算代价通常较大，不便于实时应用。因此，寻求具有良好不变性和准确性的特征提取方法对匹配精度至关重要。

本书以褪色文物表面色彩元素为主要对象，结合唐、宋、元、明、清的大量壁画遗存，利用定性问题决策方法——AHP，建立彩色参考图像集，通过图像配准算法，完成彩色参考图像和褪色图像之间的特征提取和特征匹配，实现基于彩色参考图像集的最优匹配。

1.2 国内外研究现状及发展动态分析

本节从彩色参考图像集、颜色迁移技术、图像配准等几方面分析关键技术的研究现状及发展动态。

1.2.1 彩色参考图像集

近两三年来，国外设计了许多方法来对褪色图像进行着色，其中之一是利用了输入和参考图像间的颜色分布映射关系，但这种方法依赖于输入图像和参考图像的选择经验，故其应用受限。克服这种局限的方式之一，是利用彩色参考图像集来学习关于合适颜色组合的隐式规则。通过几何背景产生自然着色，利用主题区检测和表面布局产生准确结果。对应的颜色迁移算法在优化过程中对目标彩色样式进行空间分布的整合，使得即使在源主导色彩风格数目远小于目标对象的情况下，仍能实现一个良好的结果。但这种方法存在如下局限：

（1）主题区检测方法在边界不明显时不够精确；

（2）对于含有复杂场景结构的一些例子，表面恢复方法不够精确。

研究者针对彩色模式给出了一种新的方法，考虑了颜色模式的空间相关性，这种方法通过一个因子图来建立颜色复原，其中的概率图模型将一个复杂的整体概率分布转换为简单的概率密度函数。然而，该方法用于照片会产生不自然的效果。数据驱动着色方法通过高概率密度分布对颜色进行采样，赋予结果艺术性和自然性，并总结了图像区域几何特征的多颜色属性分布，但仍存在以下局限：

（1）使用一个合理的颜色属性或几何特征，所以该领域其他的颜色距离、颜色空间、几何特征还值得研究；

（2）由于手动调整带来图像外观的影响，结果尚未达到与空间相关法相同的质量；

（3）纹理缺失区域没有原颜色线索，只能依赖参考颜色，这种情况使得用户辅助成为必需；

（4）由于是基于平均区域的颜色，对区域间的颜色差异有所忽略。

1.2.2　图像配准算法

图像配准技术主要分为基于灰度的图像配准和基于特征的图像配准两大类。

基于灰度的图像配准算法中，其相似度的选取各异，常用的有序列相关、互相关、互信息和相位相关等。因为利用了整幅图像的灰度信息，省去了特征提取、特征匹配这个难点。

基于特征的图像配准算法由特征提取和特征匹配两部分组成，利用图像的高层次信息，很大程度地降低了计算量，图像配准的效率显著提升，且对图像噪声、信号干扰等具有稳定性。对于图像特征的提取，常用的特征包括点特征、线特征及面特征(即区域特征)。线特征中利用轮廓配准的方法，主要是将轮廓表示为有序点集，再从中提取关键信息用于配准计算；主要形式有链码、多边形、样条曲线等。其中链码已经比较成熟，而目前对多边形方法的研究十分活跃。

近年来，随着国内外各领域对图像配准技术的重视，许多优秀的配准算法被陆续提出。2013 年，Cheng Peng 和 Meng Chia-Hsiang 同时提出了一种新的连续图像配准算法，该算法的配准结果接近零偏差并且有很高的计算效率。在随后的两年里，Zhang Han 又提出了一种对合成孔径雷达进行高效配准的算法。同时，针对边缘点集的匹配，提出了相干点漂移的配准方法，能够维护边缘点的全局拓扑结构，并且对于外点稳健，这在图像配准领域来说是一个大跨步。2014 年，就参数变换模型，Song Zhili 等人又提出了 HTSC 算法，HTSC算法能够替代现存的随机样本一致性算法和进步的样本一致性算法，已经被广泛应用于遥感图像配准的变换参数评估步骤中。随后，在遥感图像配准领域，相对于传统的随机样本一致性算法，又提出了快速采样一致性算法，它主要在两方面与随机样本一致性算法不同：样品集和一致性集。相比之下，快速采样一致性算法能够通过更少的迭代次数得到更多的正确匹配点，正确匹配算法迭代数的选择以及不精确点剔除算法的应用高效地提高了结果的准确性。Christian Wachinger 提出了一种接近序列相关算法的相似性测度方法，能够在相似性测度方面提供最优化策略。

基于灰度的图像配准方法在处理变换类型和速度上存在不足，有的只能处理简单变换，有的可以处理复杂变换，但计算量大、处理时间长。在基于特征的图像配准方法中，线特征由于数据量小，且容易提取，成为目前研究的热门方向。

1.2.3　图像检索技术

图像检索技术的研究开始于 20 世纪 70 年代，主要是基于文本的图像检索。图像的特征通过文本描述，例如绘画作品的绘画时间、作者、大小、流派等。20 世纪 90 年代后，出现了新的检索技术——基于图像内容与语义的检索技术，比如对图像颜色、形状布局、纹理等进行提取分析和检索的技术。

基于内容的图像检索技术已经发展成为一个比较活跃的研究领域，可分为3 层。底层是基于图像的颜色、形状、纹理等反映图像基本特征的检索；中层是基于图像对象语义的检索，对象语义检索技术建立在底层特征基础上，同时引入其他图像理解技术，如对象模型库、人工智能以及对象识别等；上层是基于图像概念语义的检索，建立在中层对图像语义特征提取的基础上，并且引入高层语义的识别及描述，使用到的相关技术有知识库技术、神经网络技术以及人工智能技术。

第一个商业化的基于内容的图像检索系统是 IBM 公司的 QBIC(Query By Image Content)系统，该系统对后续图像检索系统的开发具有重要指导作用。

系统结构由图像的入库、特征的计算、查询阶段组成，支持基于手绘草图、例子图像、选择颜色和纹理等方式的查询。QBIC 是一个高维特征索引的图像检索系统。其中采用的纹理表示是对 Tamura 提出的纹理表示的一种改进，是对比度、粗糙度、方向度的结合。其形状特征包含偏心度、圆形度及代数矩不变量。

Virage 是由 Virage 公司开发的一种基于内容的图像搜索引擎，与 QBIC 很相似，该系统也支持基于图像颜色及其布局、结构和纹理的查询。但 QBIC 在搜索时更加灵活，因为该系统支持 4 种查询的任意组合。为了得到更好的检索结果，用户可以根据自己要查询的图像特征来随时调整 4 种查询的权重。Virage 的核心技术是 Virage Engine 及图像对象层上的操作。Virage Engine 的功能包含图像比较、图像分析和图像管理。同时，把查询引擎作为插件，不仅能够应用到图像查询当中，而且扩展后还可应用到其他特殊的领域。

Retrieval Ware 是 Excalibur 公司开发的一种基于内容的图像检索引擎。在其早期版本中，重点是利用神经网络算法来实现图像检索。在新的版本中，开始将颜色及布局、形状、纹理等特征用于图像检索，而且还可以自由调整每种特征的权重。

Photobook 是 MIT 多媒体实验室研发的一套用于浏览和搜索图像的交互式工具，由提取图像的纹理、形状和面部特征 3 个子部分组成。在每个子部分中，用户按照相对应的特征进行查询。美国警察机关已经开始使用基于该查询的人脸识别技术。

Netra 系统是加利福尼亚大学 ADL 的图像检索系统的原型。Netra 系统在分块的图像区域中根据图像特征信息从图像库中检索出相似区域。Netra 系统的主要特点是基于 Gabor 滤波器的纹理分析以及基于神经网络的图像分类构造。

MARS 系统由美国伊利诺伊大学分校研发，是一种多媒体分析和检索系统。在图像检索领域，MARS 系统正式提出了相关反馈的体系结构，而且在检索过程的多个层次中使用了这项技术。该体系结构由查询向量的优化、自动特征适应和自动匹配工具的选择 3 部分组成。其研究重点是把不同的视觉特征结合成可动态适应不同应用和用户的检索机制。

国内很多研究单位也对图像检索技术进行了研究，并开发了实验系统。比如清华大学在视频检索领域的研究，国防科技大学在多媒体数据库检索系统领域的研究，浙江大学在 1995 年也开始投入此方面的研究工作。西北大学从1998 年开始研究基于内容的图像检索技术，研究成果已经在医学影像数据库以及数字考古博物馆得以应用。2002 年，吴乐南、吴冬生根据多分辨率小波变换的形式，提出对 JPEG 图像的 DCT 系数进行重组，再通过对图像的 DCT 系数重组得到若干子带，分别建立子带能量直方图，然后采用树形结构来组织图像数据库并应用于图像检索。

在检索原理上，不管是基于文本的图像检索技术还是基于内容的图像检索技术，都主要包含 3 个方面。首先，对用户的需求进行分析和转化，变成可以用来检索索引数据库的提问；然后，收集、加工图像资源，提取图像的特征，再进行分析和标注，建立图像的索引库；最后，根据相似度匹配算法，按照相似度由高到低的方式输出。

1.2.4　颜色迁移技术

颜色迁移技术是通过亮度距离比较彩色图像和褪色图像的相似点，将彩色图像的色彩信息传递到褪色图像颜色通道的一项技术，应用于古建筑彩绘图案修复、褪色照片修复、医学图像上色等方面。国内外颜色迁移技术的研究现状主要总结为以下 3 个方面：机器学习方法、统计学方法、经典颜色迁移。

遗传算法、粒子群算法等机器学习方法在数字图像处理的很多领域被广泛应用。机器学习的多种搜索算法被应用于医学图像的色彩迁移，构造目标图像块和源图像块的纹理特征与亮度特征之间的适应度函数，利用搜索算法获得彩色化匹配图像点，最后实现医学器官中人体组织上色的连续与自然。其优点在于计算速度快，但是存在依赖搜索初值的缺点。

统计学方法的颜色迁移分为直方图统计与自适应颜色迁移。研究者利用直方图的统计特征描述区域纹理，利用去相关的对立色空间对灰色图像与彩色图像的亮度通道进行线性变换，通过直方图统计法所描述的像素邻域纹理特征来完成图像间的像素匹配。该方法的优点是运算量小，提高了像素匹配的准确度，但是同样存在着亮度和颜色对应的一致性要求。胡国飞等人利用统计学原理提出了自适应的颜色迁移合成技术，自适应方法和经典颜色迁移的区别在颜色空间的转换矩阵上，前者利用主元分析理论以自适应的方式计算颜色空间的转换矩阵，然后通过局部统计值实现局部亮度与纹理的迁移。

经典的颜色迁移技术以 Reinhard 等人与 Welsh 等人的方法为代表。利用 Reinhard 等人的算法能很好地实现彩色图像之间的色彩传递，该方法对于灰度图像存在的问题是：$l\alpha\beta$ 颜色空间中所有像素点的 α、β 值相同，不能找到参考图像与目标图像的颜色变换匹配信息，无法实现颜色迁移；Welsh 等人的算法利用匹配像素查找的方法来传递颜色通道信息，亮度距离的匹配方法导致对颜色与亮度的一致性要求较高，容易产生相同亮度和不同颜色像素间的错误匹配。

　　为了提高聚类颜色迁移的速度,钱小燕等人提出一种自动、快速的颜色迁移算法,即通过模糊聚类、统计分析、特征距离来选择匹配块。这种方法的优点是减少了聚类样本数量,提高了颜色迁移速度,缺点是参考图像的选择对结果影响较大。在灰度图像彩色化处理上,基于形态学变换和快速颜色迁移的算法消除了目标图像亮度不均匀的问题,与传统颜色迁移算法相比,具有处理时间短、颜色过渡合理、整体效果自然的优势,缺点是依赖人机交互。

本 章 小 结

　　分析本章所述方法,算法本身的改进固然重要,然而色彩复原对彩色参考图像的人工依赖还未得到改变。对于文物保护数字化中的色彩复原技术,色彩的渊源有史料记载、专家经验、现场记录等可追溯的资源。本书在后续章节中将对中华色彩元素的内在联系进行剖析,为褪色文物的色彩复原构建本体知识库并建立层次结构模型。在上述技术基础上,分析已有方法,研究褪色文物与彩色参考图像集的特征提取和特征匹配算法。

参 考 文 献

[1]　LI N, GONG X, LI H, et al. Nonuniform multiview color texture mapping of image sequence and three-dimensional model for faded cultural relics with Sift feature points [J]. Electron. Imaging, 2018, 27(1), doi: 10.1117/1. JEI. 27. 1. 011012.

[2]　WU Y, MA W, GONG M, et al. A Novel Point-Matching Algorithm Based on Fast Sample Consensus for Image Registration[J]. IEEE Geoscience & Remote Sensing Letters, 2017, 12(1): 43 − 47.

[3]　VISHNEVSKIY V, GASS T, SZEKELY G, et al. Isotropic Total Variation Regularization of Displacements in Parametric Image Registration [J]. IEEE Transactions on Medical Imaging, 2017, 36(2): 385 − 395.

[4]　TUBA E, TUBA M, DOLICANIN E. Adjusted Fireworks Algorithm Applied to Retinal Image Registration[J]. Studies in Informatics & Control, 2017, 26(1): 33 − 42.

[5]　LI N, GONG, X. A Calibration Template Method Based on Statistical Distribution. International Journal of Signal Processing [J]. Image Processing and Pattern Recognition, 2016, 9(12): 71 − 78.

[6]　ZHANG H, NI W, YAN W, et al. Robust SAR Image Registration Based on Edge Matching and Refined Coherent Point Drift[J]. IEEE Geoscience & Remote Sensing Letters, 2015, 12(10): 2115 − 2119.

[7] FARIDUL H S, POULI T, CHAMARET C, et al. A survey of color mapping and its applications[J]. In Eurographics 2014-State of the Art Reports, 2014: 43 – 67.

[8] ZHANG S, MARTIN R R, et al. Learning Natural Colors for Image Recoloring[C]// Computer Graphics Forum. 2014: 299 – 308.

[9] SONG Z, ZHOU S, GUAN J. A Novel Image Registration Algorithm for Remote Sensing Under Affine Transformation[J]. IEEE Transactions on Geoscience & Remote Sensing, 2014, 52(8): 4895 – 4912.

[10] WU F, DONG W, KONG Y, et al. Content-Based Colour Transfer[C]// Computer Graphics Forum. 2013: 190 – 203.

[11] LIN S, RITCHIE D, FISHER M, et al. Probabilistic color-by-numbers: suggesting pattern colorizations using factor graphs[J]. Acm Transactions on Graphics, 2013, 32(4): 96 – 96.

[12] JIANG X, QIU Y, FAN D. Medical slice image color transferring and 3D reconstruction based on improved particle swarm optimization [J]. Computer Engineering and Design, 2013, 2(34): 556 – 560.

[13] HU S M, CHEN T, XU K, et al. Internet visual media processing: a survey with graphics and vision applications [J]. Visual Computer International Journal of Computer Graphics, 2013, 29(5): 393 – 405.

[14] DAME A, MARCHAND E. Second-order optimization of mutual information for real-time image registration[J]. IEEE Transactions on Image Processing, A Publication of the IEEE Signal Processing Society, 2012, 21(9): 4190.

[15] MA J Z, CHEN X W, ZHONG L J. Contourlet-S Texture Image Retrieval System [J]. Advanced Materials Research, 2012, 433 – 440(4): 3408 – 3412.

[16] WELSH T, ASHIKHMIN M, MUELLER K. Transfer color to greyscale images[A]. In: Computer Graphics Proceedings, Annual Conference Series[C]. San Autonio, Texas: ACM SIGGRAPH, 2002: 277 – 280.

[17] REINHARD E. Color transfer between images[J]. IEEE Computer Graphics and APPlications, 2001: 34 – 41.

[18] 孙旋, 陈一洲, 袁沙沙, 等. 基于改进层次分析法的火灾高危单位消防安全评估[J]. 安全与环境学报, 2017, 17(4): 1253 – 1257.

[19] 常瑜, 刘宝顺, 田园. 基于层次分析法的扫地车造型模糊综合评价方法及应用[J]. 机械设计, 2017(3): 121 – 125.

[20] 吴芳青, 杨扬, 潘安宁, 等. 利用混合特征的多视角遥感图像配准[J]. 中国图象图形学报, 2017, 22(8): 1154 – 1161.

[21] 马林, 黄惠. 简单交互式医学图像隐式曲面配准方法[J]. 计算机辅助设计与图形学学报, 2017, 29(2): 229 – 235.

[22] 李晖晖, 郑平, 杨宁, 等. 基于 SIFT 特征和角度相对距离的图像配准算法[J]. 西北

工业大学学报，2017，35(2)：280 - 285.

[23] 周海洋，朱鑫炎，余飞鸿. 改进型高效三角形相似法及其在深空图像配准中的应用[J]. 光学学报，2017(4)：118 - 128.

[24] 刘晓彬. 基于智能优化算法的图像检索技术研究[D]. 江南大学，2017.

[25] 陈卫卫，李涛，李志刚，等. 基于模糊层次分析法的云服务评估方法[J]. 解放军理工大学学报，2016，17(1)：25 - 31.

[26] 翁迟迟，齐法制，陈刚. 基于层次分析法与云模型的主机安全风险评估[J]. 计算机工程，2016，42(2)：1 - 6.

[27] 李娜，耿国华，龚星宇，等. 采用纹理图像的褪色兵马俑色彩复原方法[J]. 西安电子科技大学学报，2015，42(4)：127 - 133.

[28] 祝继华，周颐，王晓春，等. 基于图像配准的栅格地图拼接方法[J]. 自动化学报，2015，41(2)：285 - 294.

[29] 蒋琳琼，戴青云. 一种改进的基于内容的图像检索系统研究[J]. 软件导刊，2013，(1)：168 - 170.

[30] 贺栋，杨风暴，蔺素珍，等. 基于形态学变换和 FFCM 聚类的灰度图像颜色迁移算法[J]. 应用光学，2012，33(2)：300 - 304.

[31] 赵源萌，王岭雪，金伟其. 基于区域直方图统计的灰度图像色彩传递方法[J]. 北京理工大学学报，2012，3(32)：322 - 326.

[32] 钱小燕，李敏，韩磊，等. 一种快速颜色传输算法[J]. 中国图象图形学报，2011，16(4)：613 - 617.

[33] 周明全，耿国华. 基于内容图像检索技术[M]. 清华大学出版社，2007.

[34] 胡国飞，傅健，彭群生. 自适应颜色迁移[J]. 计算机学报，2004，9(27)：1245 - 1249.

第 2 章

彩色参考图像集的层次结构模型

　　颜色迁移是色彩复原有效的技术支持，色彩复原的效果对彩色参考图像的选择有较强的依赖性，克服这种局限的方式之一，是利用彩色参考图像集来学习关于合适颜色组合的隐式规则。本章利用 AHP 分析彩色参考图像集建立和选择的条件，在现存褪色文物现实问题的基础上，通过史料知识与专家经验，建立与褪色相关的色彩元素本体知识库，归纳出相应的层次结构模型，为褪色文物的色彩复原提供科学依据。

2.1　AHP 的相关研究

　　AHP 不仅适用于存在不确定性和主观信息的情况，还允许以合乎逻辑的方式运用经验、洞察力和直觉。其最大的优点是提出了 AHP 技术中已有的表达，使得人们能够认真地考虑和衡量指标的相对重要性。AHP 的主要贡献包括两个方面：

　　（1）能根据实际情况抽象出较为贴切的层次结构；

　　（2）能将某些定性的量作比较，从而接近实际的定量化处理。

　　AHP 对人们的思维过程进行了加工整理，提出了一套系统分析问题的方法，为科学管理和决策提供了较有说服力的依据。但它也有其局限性，主要表现在：

　　（1）在很大程度上依赖于人们的经验，主观因素的影响较大，能排除思维过程中严重的非一致性，却无法排除决策者个人可能存在的严重片面性。

　　（2）比较、判断过程较为粗糙，不能用于精度要求较高的决策问题。

　　经过几十年的发展，许多学者针对 AHP 的缺点进行了改进和完善，形成了一些新的理论和方法，像群组决策、模糊决策和反馈系统理论等，成为近几年该领域的一个热点。

2.2　基于 AHP 的色彩复原层次结构模型

2.2.1　褪色文物相关色彩元素的知识发现

褪色文物相关色彩元素的知识包括以下几个方面：

（1）通过史料记载与专家经验的学习，结合现场调研对实际褪色问题的分析，归纳总结代表文物褪色色彩元素的本体元素，例如朝代、习俗、工艺等。

（2）研究本体色彩元素与褪色的内在联系，形成两者间的知识图谱。

（3）利用史料记载、网络资源等收集彩色参考图像，建立相应的本体知识库。

色彩元素的知识发现过程包括彩色图像的采集、整理，相关史料知识的查阅，专家经验的学习，统计、分类工具方法的使用，色彩元素知识图谱的建立，具体如图 2.1 所示。

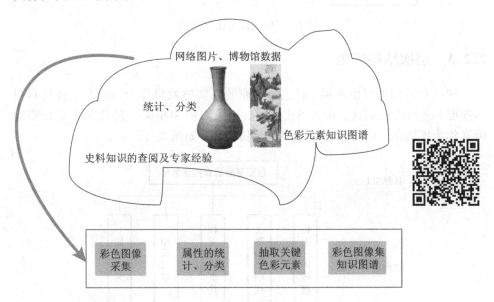

图 2.1　色彩元素的知识发现过程

彩色图像的采集、整理主要利用网络资源：各种特色彩色文物藏馆的在线展示（如陕西历史博物馆的虚拟展馆）、公共高清图片库、文物数字化保护论坛及与文物图像相关的专题报道等。

2.2.2　层次模型的建立过程

层次模型的建立包括色彩元素的采集、知识发现、主要影响因素的确定、层次结构分析、专家判断矩阵的建立、判断矩阵权重的求解、带权重的色彩复原层次结构模型的建立共 7 步，如图 2.2 所示。

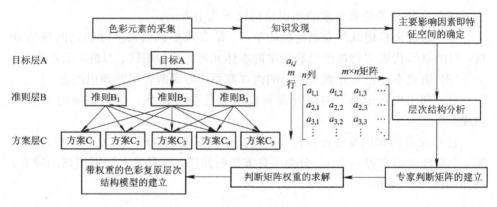

图 2.2　层次模型建立过程

2.2.3　层次结构模型

利用专家间的群组决策，将色彩复原的真实感效果作为目标层，将色彩损坏程度、文物历史朝代、相关历史事件、相关习俗和相关工艺共 5 个主要影响因素作为准则层，建立色彩复原层次结构模型，如图 2.3 所示。

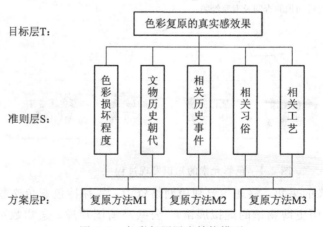

图 2.3　色彩复原层次结构模型

2.2.4　AHP 权重向量的计算

利用标度比较法建立专家判断矩阵，图 2.3 中层次结构模型的判断矩阵包括准则层 S 对目标层 T 的相互因子权重 T、方案层 P 对准则层 S 的相互因子权重 S_k，$1 \leqslant k \leqslant 5$。权重的取值通过因子的两两比较，建立成对比较矩阵。以 S_k 为例，具体指每次取两个因子 P_i 和 P_j，用 s_{ij} 表示 P_i 和 P_j 对 S_k 影响的大小之比，全部比较结果用 $S_k = (s_{ij})_{n \times n}$ 表示，S_k 即 S - P 之间的判断矩阵。

在判断矩阵权重的求解中，为了避免一种计算方法可能产生偏差，综合利用判断矩阵的几何平均特征及特征向量特征，采用"两级滤波法"逐层求解判断矩阵权重，具体计算见下式：

$$\boldsymbol{\omega}_i = \boldsymbol{\omega}_{i1} + \boldsymbol{\omega}_{i2} \tag{2.1}$$

其中，$\boldsymbol{\omega}_{i1} = \dfrac{\left(\prod\limits_{j=1}^{n} s_{ij}\right)^{\frac{1}{n}}}{\sum\limits_{i=1}^{n}\left(\prod\limits_{j=1}^{n} s_{ij}\right)^{\frac{1}{n}}}$，代表几何权重向量。$\boldsymbol{\omega}_{i2}$ 代表特征权重向量，可通过下式求得

$$\boldsymbol{S} \cdot \boldsymbol{W} = \lambda_{\max} \cdot \boldsymbol{W} \tag{2.2}$$

利用式(2.2)矩阵方程组解得的特征向量确定权重，通过各因素间的权值，分析彼此间的相互关系及对色彩复原真实感效果的影响程度。判断矩阵的一致性检验利用一致性检验指标完成。

2.3　层次结构模型实验

1. 建立本体知识库

搜集不同时期的彩色壁画，人工标注关键字，建立色彩覆盖范围广的色彩元素本体知识库。

2. 指标选择与层次分析过程

了解色彩元素和褪色文物的特点，咨询文物保护数字化研究者、文物修复专家、博物馆壁画管理人员等，评价指标的确定由决策组通过专业领域知识及参考文献完成。表 2.1 是决策组给出的色彩元素评价指标及辅助指标，同时给出相应的参考依据。

表 2.1　褪色文物色彩元素评价及辅助指标

序号	指　标	辅　助　指　标
1	色彩损坏程度	色彩完全脱落(CH)；色彩中度脱落，有残余(CM)；色彩轻度脱落，有底色(CL)
2	文物历史朝代	唐(RT)、宋(RS)、元(RY)、明(RM)、清(RQ)
3	相关背景	相关历史事件(His)、相关习俗(Cos)、相关工艺(Tec)

3. 建立色彩复原层次结构模型

基于表 2.1 的评价指标及辅助指标，进行褪色文物色彩元素的评定，决策组为每个指标分配两两比较值，得到判断矩阵(如表 2.2 所示)，建立相应的层次结构模型。在此基础上利用分配的比率来计算指标的权重，比率来自决策组的调查问卷，即判断矩阵。

表 2.2　判　断　矩　阵

指标	CH	CM	CL	RT	RS	RY	RM	RQ	His	Cos	Tes
CH	1	3	7	8	8	8	8	8	5	7	3
CM	1/3	1	3	5	5	5	5	5	3	5	3
CL	1/7	1/3	1/3	3	3	3	3	3	2	3	2
RT	1/8	1/5	1/3	1	1	1	1	1	2	3	2
RS	1/8	1/5	1/3	1	1	1	1	1	2	3	2
RY	1/8	1/5	1/3	1	1	1	1	1	2	3	2
RM	1/8	1/5	1/3	1	1	1	1	1	2	3	2
RQ	1/8	1/5	1/3	1	1	1	1	1	2	3	2
His	1/2	1/3	1/2	1/2	1/2	1/2	1/2	1/2	1	2	1
Cos	1/3	1/5	1/3	1/3	1/3	1/3	1/3	1/3	1/2	1	2
Tes	1/5	1/3	1/2	1/2	1/2	1/2	1/2	1/2	1	1/2	1

利用 Matlab 计算一致性指标，进而得到一致性比率。最终取得最优的分析结果，求得每个指标的权重指标，如表 2.3 所示。

表 2.3　各个指标对应的权重指标

指标	CH	CM	CL	RT	RS	RY	RM	RQ	His	Cos	Tec
权重	5.43	2.94	1.57	0.81	0.81	0.81	0.81	0.81	0.62	0.43	0.50

4. 建立后台数据库

建立相应的数据库，根据各权重指标的权重值，建立索引，确立优先查询顺序。

5. 编写软件

基于 Windows 平台的 Visual Studio 2015 进行编写，软件 UI 采用 DuiLib 框架。输入褪色图像信息，系统搜索出来的结果如图 2.4 所示。按照相关程度，列出与褪色图像相关度最高的 4 副彩色参考图像，将其提供给色彩复原系统作为彩色参考图像。

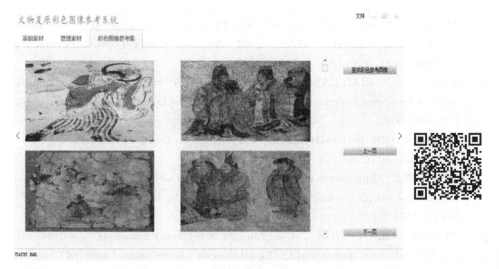

图 2.4　层次结构模型搜索结果

6. 结果分析

利用多个决策组的调查问卷，分别建立判断矩阵，计算所得的权重值赋给系统，得到相近的搜索结果。利用不同时期决策组的调查问卷，分别建立判断矩阵，计算所得的权重值赋给系统，得到相近的搜索结果，说明该方法鲁棒性较好。

本 章 小 结

针对文物色彩复原彩色参考图像集建立过程中的多因素定性决策问题，本章提出一种基于层次分析法的色彩复原层次结构模型。在分析 AHP 相关研究的基础上，进行褪色文物相关色彩元素的知识发现；利用 7 步法建立起以色彩损坏程度、文物历史朝代、相关历史事件、相关习俗、相关工艺共 5 个主要影响因素作为准则层的层次模型；综合利用判断矩阵的几何平均特征及特征向量特征，采用"两级滤波法"逐层求解判断矩阵权重；最后经实验表明，提出的模型能为褪色图像自动查找相关度较高的彩色参考图像，同时结果稳定，鲁棒性较好。这说明该方法能够较准确地为褪色图像查找参考图像，为后续色彩复原提供科学参照。

参 考 文 献

[1] JAVAN H T，KHANLARI A，MOTAMEDI O，et al. A hybrid advertising media selection model using AHP and fuzzy-based GA decision making[J]. Neural Computing & Applications，2018，29(4)：1153 - 1167.

[2] SIRISAWAT P，KIATCHAROENPOL T. Fuzzy AHP-TOPSIS approaches to prioritizing solutions for reverse logistics barriers[J]. Computers & Industrial Engineering，2018，117：303 - 318.

[3] DENG X，YONG D. D-AHP method with different credibility of information[J]. Soft Computing，2017(7)：1 - 9.

[4] YAGMUR L. Multi-criteria evaluation and priority analysis for localization equipment in a thermal power plant using the AHP (analytic hierarchy process)[J]. Energy，2016，94(3)：476 - 482.

[5] HU S M，CHEN T，XU K，et al. Internet visual media processing：a survey with graphics and vision applications[J]. Visual Computer International Journal of Computer Graphics，2013，29(5)：393 - 405.

[6] 陈卫卫，李涛，李志刚，等. 基于模糊层次分析法的云服务评估方法[J]. 解放军理工大学学报，2016，17(1)：25 - 31.

[7] 翁迟迟，齐法制，陈刚. 基于层次分析法与云模型的主机安全风险评估[J]. 计算机工程，2016，42(2)：1 - 6.

[8] 李娜，周蓬勃，耿国华，等. 色彩复原图像的质量评价方法[J]. 计算机应用，2016，36(6).

[9] 李家豪，刘婧，吴泽群，等. 基于模糊层次分析法的社交编程网站开发者评估方法[J]. 计算机应用研究，2016(1)：141 - 146.

[10] 李娜，耿国华，龚星宇，等. 采用纹理图像的褪色兵马俑色彩复原方法[J]. 西安电子科技大学学报，2015.42(4)：127 - 133.

[11] 黄威，叶彦艺，杨晓光. 层次分析法中极端专家意见排除研究[J]. 数学的实践与认识，2015(24).

[12] 王娟，李飞，刘兵，等. 融合层次分析法的 PSO 云存储任务调度算法[J]. 计算机应

用研究，2014，31(7)：2013 - 2016.

[13] 张秀红，马迎雪，李延晖. 结合主成分分析法改进后的层次分析法及应用[J]. 长江大学学报：自然版，2013，10(2)：30 - 32.

[14] 姜启源. 层次分析法应用过程中的若干问题[J]. 数学的实践与认识，2013，43(23)：156 - 168.

[15] 贺栋，杨风暴，蔺素珍，等. 基于形态学变换和 FFCM 聚类的灰度图像颜色迁移算法[J]. 应用光学，2012，33(2)：300 - 304.

[16] 邓雪，李家铭，曾浩健，等. 层次分析法权重计算方法分析及其应用研究[J]. 数学的实践与认识，2012，42(7)：93 - 100.

[17] 廖红强，邱勇，杨侠，等. 对应用层次分析法确定权重系数的探讨[J]. 机械工程师，2012(6)：22 - 25.

[18] 李支元. 层次分析法在多层次多指标评估系统中的应用研究[J]. 淮海工学院学报：自然科学版，2012，21(2)：73 - 76.

第3章

文物图像分类方法

中国是一个历史悠久的文明古国，中华民族在漫长的历史发展中，用智慧创造了艺术文明，留给我们后人种类繁多、数量丰富的文物。色彩是中华文明的外在表现形式之一，备受推崇的、独特的中国颜色代表有朱砂、月白、绯、竹青、石绿、黛青、紫檀、银鼠等。彩色文物是文物研究中必不可少的组成部分，彩色文物图像的分类方法研究是文物数字化保护方面的重要内容。针对图像分类问题，人们已经提出了诸多方法并应用到实际问题中。

3.1 分类方法与文物图像

国内外研究者一直坚持对图像分类技术的研究，很多研究成果已经应用在图像分类领域，如 BP(Back Propagation)神经网络算法在海量图像中的应用，SIFT(Scale Invariant Feature Transformation)算法构建的 BOW(Bag Of Words)模型应用于干果图像分类，Harris-SIFT 特征匹配算法联合图像分块在图像分类中的应用及支持向量机(Support Vector Machine，SVM)在图像分类中的应用等。在这些算法中，BP 神经网络虽然能解决复杂的非线性映射问题，但存在过拟合、局部最优及收敛速度慢等问题；SIFT 特征的信息量大，适合在海量数据库中快速而准确地匹配，但 SIFT 算法对边缘光滑的目标无法准确提取特征点；SVM 具有很好的泛化能力，也能解决非线性高维问题，但在实际应用中由于很难确定核参数和惩罚参数而得不到较好的分类模型。通过对生物进化现象的研究，研究者提出了一些优化算法，如遗传算法、粒子群算法和蚁群算法等，将它们用于传统算法的参数优化，可以提高图像分类的准确率。但这些优化算法都存在一定的不足，遗传算法的搜索速度慢且无法进行很好的局部搜索；粒子群算法对离散优化问题处理效果不好，容易陷入局部最优；蚁群算法的时间复杂度高，计算开销大。

研究人员注意到在文物出土过程中，会有大量的碎片。这些不同年代、不同颜色、不同质地、不同图案的碎片混杂在一起，不便于文物管理和保护，同时加重了修复时检索和匹配的工作量，影响了复原的速度。因此有必要建立文物图像数据库，对文物图像进行分类处理，把相关文物图像放在同一类别中。通过这样的处理，可方便文物的管理和保护，因此有必要进行文物图像分类的研究。文物图像分类算法是计算机辅助文物图像分类不可缺少的重要组成部分。

在研究有关图像分类方法的基础上，本章涉及的方法主要有 BOW 模型及 SVM；具体采用比 SIFT 提取描述子速率更快的 SURF（Speeded Up Robust Features）算法提取描述子，利用 BOW 模型对描述子进行训练，最后使用 SVM 对彩色文物图像进行分类。

3.2　文物图像分类技术

图像分类技术是图像处理和图像理解的基本问题，也是计算机视觉领域的一个重要组成部分。在现实世界中，我们用人眼视觉进行图像中物体的认知和识别，通过人眼捕获外界传来的视觉信息，然后将这些信息交给大脑进行处理和分析，由此我们将得知图像的内容。相应地，在计算机视觉领域，摄像机或者其他成像设备代替人眼，用计算机模拟大脑的分析过程，计算机通过对摄像机获取的数据信息进行处理和分析，从而给出正确的图像内容。相对于人眼视觉来讲，计算机视觉具有客观高效的特点，能够完成较为复杂的计算，且能够测量出图像内数据的绝对值，人眼识别则往往比较主观，而且不擅长把灰度值标准化。然而，人眼可以很轻松地对图像进行辨识，即使图像受一定的尺度、光照、背景甚至遮挡的影响，仍可以清楚地辨识出图像内物体所属类别。这对于计算机来讲却是一项很复杂的任务，轻微的物体外观改变也会导致计算机的分析认知过程产生偏差，从而给出错误的结果。因此，如何使计算机识别精确度最大限度地接近甚至超越人眼识别的精确度，仍需要进一步的探索。

图像分类技术是根据一定的分类规则将图像自动分到一组预定义类别的过程。这里有几个重要的概念：分类（Classification）、识别（Recognition）、定位（Localization）、检测（Detection）、鉴别（Identification）。通常来讲，识别任务包括分类、定位、检测以及鉴别等。分类是对具有相似特征的一类图像进行判别；定位是指在一幅图像中确定某对象的位置，如在一片草坪上精确定位飞机的位置，这里假设飞机一定存在；检测在某种程度上与定位的概念类似，但是检测有时候是在没有任何先验知识的情况下进行的，例如在一片草坪上，并不一定知道有飞机的存在，而是需要通过一定的技术来检测其存在，然后进一步识别；鉴别与分类不同，分类是指不同类物体的识别与区分过程，而鉴别是指对同类物体中的个体进行区分，例如确定人的身份。这里需要说明的一点是，上述几个概念的定义并不是严格一致的，在不同的场合解释会有所不同，但基本思想一致。

分类的基本过程是先检测原图像中的特征点，对这些特征点进行描述，然后用机器学习的方法对图像进行训练，得到预置的特征点集，以同样的过程，得到目标图像的目标特征点集，最后利用特征点匹配得到目标图像具体属于哪一类，其基本流程如图 3.1 所示。

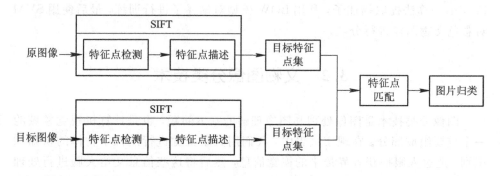

图 3.1　图像分类的基本流程

其中，原图像指的是训练数据，目标图像指的是待分类的测试数据。

总体来讲，现阶段所使用的图像分类器主要有三类：基于统计（如 Bayes、KNN）的类中心向量和支持向量机等；基于规则的，其代表有决策树和粗糙集；还有一类是神经网络。这里主要介绍 BP 神经网络、深度学习模型、基于云计算的分类算法及支持向量机四种效果较好的分类器。

3.2.1　BP 神经网络

BP 神经网络是 1986 年由 Rumelhart 和 McCelland 为首的科学家小组提出的，是一种按误差逆传播算法训练的多层前馈网络，是应用最广泛的神经网络模型之一。BP 神经网络能学习和存储大量的输入/输出模式映射关系，而无需事前描述这种映射关系的数学方程。其学习规则是使用最速下降法，通过反向传播来不断调整网络的权值和阈值，使网络的误差平方和最小。标准 BP 算法可以训练多层神经网络，近似最速下降法，其误差函数为平均平方误差。BP 神经网络的基本思想是利用输出后的误差估计输出层前一层的误差，再用该层误差估计上一层误差，以此获取所有各层的误差估计。这里的误差估计可以理解为某种偏导数，根据这种偏导数来调整各层的连接权值，再用调整后的连接权值重新计算输出误差，直到输出的误差达到要求或者迭代次数溢出设定值。

BP 神经网络能够对输入进行并行处理，有效地解决了非正态分布、非线性的评价等问题，但对初始权重非常敏感，极易收敛于局部极小，而且存在着过拟合的问题。此外，BP 神经网络也无法避免所有人工神经网络中存在的需要更多训练数据、运行速度慢等弱点，而且许多参数的选择必须依据人工经验进行手工调整，尤其是网络隐含节点数的选择对分类结果有直接的影响。

BP 算法是一种监督式的学习算法，其主要思想是：输入学习样本，使用反向传播算法对网络的权值和偏差进行反复的调整训练，使输出的向量与期望向量尽可能接近，当网络输出层的误差平方和小于指定的误差时训练完成，保存网络的权值和偏差。其具体步骤如下：

（1）初始化，随机给定各连接权值及阈值。

（2）由给定的输入/输出模式对来计算隐藏层、输出层各单元的输出。

（3）计算新的连接权值及阈值。

（4）选取下一个输入/输出模式对，返回步骤（2）反复训练，直到网络输出误差达到要求，结束训练。其流程如图 3.2 所示。

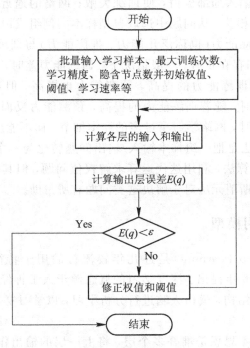

图 3.2 BP 算法流程

BP 神经网络的优点：

（1）实现了一个从输入到输出的映射功能，数学理论已证明该映射具有实现任何复杂非线性映射的功能，使得这一方法特别适合于求解内部机制复杂的问题。

（2）能通过学习带正确答案的实例集自动提取"合理的"求解规则，即具有自学习能力。

（3）具有较好的泛化能力。

BP 神经网络的缺点：

（1）BP 算法的学习速度很慢，主要原因有：BP 算法本质上是梯度下降算法，所要优化的目标函数非常复杂，因此会出现"锯齿形现象"，这使得 BP 算法低效；存在麻痹现象，由于优化的目标函数复杂，会在神经元输出接近 0 或 1 的情况下，出现一些平坦区，这些区域内的权值误差改变很小，使得训练过程几乎停顿；为了使网络执行 BP 算法，不能用传统的一维搜索法求每次迭代的步长，而必须把步长的更新规则预先赋予网络，这种方法使算法低效。

（2）网络训练失败的可能性较大，其原因有：从数学角度来看，BP 算法是一种局部搜索的优化方法，但它要解决的是求解复杂非线性函数全局极值的问题，算法很有可能陷入局部极值，使训练失败；网络的逼近、推广能力同学习样本的典型性密切相关，从问题中选取典型样本实例组成训练集比较困难。

（3）网络的预测能力（也称泛化能力、推广能力）与训练能力（也称逼近能力、学习能力）之间存在矛盾。一般情况下，训练能力差时，预测能力也差，并且一定程度上随着训练能力的提高，预测能力也提高。但这种趋势有一个极限，当达到此极限时，随着训练能力的提高，预测能力反而下降，即出现所谓的过拟合现象。此时，网络学习了过多的样本细节，而不能反映样本的规律。

传统的 BP 算法是把一组样本输入/输出问题转化为一个非线性优化问题，并通过负梯度下降算法，利用迭代运算求解权值问题，但其收敛速度慢且容易陷入局部极小。高斯消元法对于解决这类问题有所帮助。

3.2.2 深度学习模型

深度学习（Deep Learning）是近几年较流行的用于特征分类的方法，由 Hinton 等人于 2006 年提出。深度学习的概念源于人工神经网络的研究，包含隐层的多层感知器结构，模仿人脑进行分析学习，以学习复杂的数据，如图像、语音、文本等。

深度学习的基本思想是堆叠多个层，将上一层的输出作为下一层的输入。通过这种方式，实现对输入信息的分级表达。

如果把学习的结构看作一个网络，则深度学习的核心如下：

（1）无监督学习用于每一层网络的提前训练。

（2）每次用无监督学习只训练一层，将其训练结果作为其上一层的输入。

（3）用自顶而下的监督算法调整所有层。

深度学习中常用的几种模型：

（1）AutoEncoder（自动编码器）。自动编码器具有人工神经网络的特点，假定给出一个神经网络，该神经网络的输入和输出相同，然后经过训练调参得到每一层的权重，这样就得到了与输入不同的表示（一层代表一种表示），即特征的表示，自动编码器就是类似于神经网络的输入与输出信号的复现。

（2）Sparse AutoEncoder（稀疏自动编码器）。稀疏自动编码器是在自动编码器的基础上进行改进而提出的，在自动编码器的基础上添加上 L1 的稀疏限制，即稀疏自动编码。在编码过程中加入稀疏限制，使得每次得到的特征表达尽可能地稀疏。因为稀疏表达更有针对性，能突出表达某一特性，类似于人体神经，仅刺激某一部分神经元，其余神经元还是抑制的状态。

（3）Denoising AutoEncoders（降噪自动编码器）。此编码器基于自动编码，加入有噪声的训练数据，从而更好地训练自动编码器学习去除噪声，得到无噪声的真实输入数据。这样降噪之后得到的输出表达更具鲁棒性。

（4）Restricted Boltzmann Machine（限制波尔兹曼机）。假设有两个层，各层结点之间没有连接，一层是可视层，即输入层；一层是隐藏层，假定所有的结点都是随机的一组变量，取 0 或者 1；由于假定全概率分布是波耳兹曼概率分布，因此该模型称为限制波耳兹曼机（RBM）。

（5）Convolutional Neural Network（卷积神经网络）。卷积神经网络是一个多层的神经网络，多个二维平面组成了每层网络，而每个平面都是由多个独立神经元组成的。

3.2.3　基于云计算的分类算法

基于云计算的图像分类算法，首先是提取图像的多种特征，然后采用映射/化简（Map/Reduce）分类模型对图像进行匹配和分类，根据匹配结果得到图像最优分类结果，实现图像分类，其思想仍是最基本的图像分类过程，如图 3.3 所示。

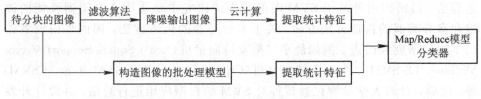

图 3.3　基于云计算的图像分类算法

图 3.3 充分展示了基于云计算的图像分类算法过程。算法的实现流程如下：

（1）设输入图像为 $f(x, y)$，采用云计算批处理进行网格计算，得到图像输出的像素序列。

（2）采用小波降噪算法对图像进行降噪，并采用自相关检测器进行自适应滤波，得到输出图像 $g(x, y) = f(x, y) + \eta \cdot m(x, y)$。

（3）对图像的属性特征进行分析和提取，得到能描述待分类图像内容的仿射不变矩和高阶矩。

（4）计算目标与候选区域像素的权重，进行图像偏差补偿加权，得到图像的纹理信息和高阶矩特征。

（5）沿滑动平均窗口估计图像，经过特征点匹配得到图像分类的 Map/Reduce 模型，以实现图像分类。

3.2.4　支持向量机

支持向量机（SVM）是机器学习领域中的热点，提高了机器的学习能力和非线性处理能力，推动了核理论和机器学习的研究热潮。自 1995 年 Vapnik 在统计学习理论的基础上提出 SVM 作为模式识别的新方法之后，SVM 一直备受关注。同年，Vapnik 和 Cortes 提出软间隔 SVM，通过引进松弛变量度量数据的误分类，同时在目标函数中增加代价函数来惩罚非零松弛变量。SVM 的寻优过程是大的分隔间距和小的误差补偿之间的平衡过程。1996 年，Vapnik 等人又提出支持向量回归（Support Vector Regression，SVR）的方法，用于解决拟合问题。SVR 同 SVM 的出发点都是寻找最优超平面，但 SVR 的目的不是找到两种数据的分割平面，而是找到能准确预测数据分布的平面，两者最终都转换为最优化问题的求解。1998 年，Weston 等人根据 SVM 原理提出了用于解决多类分类的 SVM（Multi-Class Support Vector Machines，Multi-SVM）方法，通过将多类分类转化成二类分类，将 SVM 应用于多分类问题的判断。

在 SVM 算法的基本框架下，研究者针对不同方面提出了很多相关的改进算法。目前国内外基于 SVM 图像分类的研究主要集中在分类器性能的改进和多分类器的构造方法方面。关于多分类器的构造方法，国内外研究者作出了很多研究和改进。例如最小二乘支持向量机（Least Square Support Vector Machine，LS-SVM）、中心支持向量机（Central Support Vector Machine，CSVM）等。此后，台湾大学林智仁教授等对 SVM 的典型应用进行总结，并设计开发出较为完善的 SVM 工具包，也就是 LIBSVM（A Library for Support Vector

Machines)。上述改进模型中，LS-SVM 用等式约束代替传统 SVM 中的不等式约束，将求解 QP 问题变成解一组等式方程来提高算法效率；LIBSVM 是一个通用的 SVM 软件包，可以解决分类、回归以及分布估计等问题，并给出了常用的几种核函数供用户选择，同时具有不平衡样本加权和多类分类等功能。交叉验证(Cross Validation)方法也是 LIBSVM 对核函数参数选取问题所作的一个突出贡献。SVM 基于结构风险最小化原理，将原始数据集压缩到支持向量集，学习得到分类决策函数。SVM 的基本思想是构造一个超平面作为决策平面，使正负模式之间的空白最大。SVM 是判别模型中最典型的代表，也是 BOW 模型中应用较广、效果较好的分类器之一。

　　SVM 算法的基本思想是定义最优线性超平面，并把寻找最优线性超平面的算法归结为求解一个凸规划问题；进而基于 Mercer 核展开定理，通过非线性映射，把样本空间映射到一个高维乃至于无穷维的特征空间，使得在特征空间中可以应用线性学习机的方法解决样本空间中的高度非线性分类和回归等问题；简单地说就是升维和线性化。升维是把样本向高维空间映射，一般会增加计算的复杂性，甚至会引起"维数灾难"，因而人们很少问津。但是作为分类、回归等问题，很可能在低维样本空间无法线性处理的样本集，在高维特征空间却可以通过一个线性超平面实现线性划分或回归。SVM 的线性化是在变换后的高维空间中应用解线性问题的方法来进行计算。在高维特征空间中得到的是问题的线性解，但与之相对应的却是原样本空间中问题的非线性解。

　　一般的升维会带来计算的复杂化，SVM 算法由于应用了核函数的展开定理，不需要知道非线性映射的显式表达，巧妙地解决了这个难题。由于是在高维特征空间中建立线性学习机，所以与线性模型相比不但不会增加计算的复杂性，而且在某种程度上避免了"维数灾难"。这一切要归功于核的展开和计算理论，因此人们又称 SVM 算法为基于核的算法。

　　支持向量机方法建立在统计学习理论基础之上，成功地解决了小样本、高维和局部极值问题。机器的训练过程以结构风险最小化准则优化参数，使用大间隔因子控制学习，使得在只选择具有最大分类间隔分类超平面样本的情况下满足分类要求，具有较高的推广能力。

　　支持向量机的优点：

　　(1) 解具有唯一性和全局最优性。支持向量机最终转化为二次规划问题，对应矩阵正定，由凸二次规划的定理可知，其解是全局最优和唯一的。

　　(2) 泛化能力好。基于结构风险最小化原则，可保证学习机器具有良好的泛化能力。

（3）维数约简。巧妙地解决了算法复杂度与输入向量维数密切相关的问题，大大克服了"维数灾难"问题。

（4）小样本学习。传统统计学习基于样本趋于无穷时研究解的性质，而支持向量机专门针对小样本情况，它的最优解基于已有样本信息，而不是样本趋于无穷大时的最优解。

（5）数学理论强。神经网络、遗传算法等传统方法的实现中带有很大的经验成分，而支持向量机具有更严格的理论和数学基础。

（6）具有几何性和对偶性。支持向量机的决策面和解都具有十分鲜明的几何意义。

支持向量机的不足：

（1）QP问题的核矩阵规模是样本数的平方，当样本数比较大时，存储核矩阵需要较大的内存空间，使得计算机用SVM进行训练存在一定的困难。

（2）对核函数和核参数的选择，即所谓模型选择问题，缺乏理论上的指导，实际中大多靠试验的方式确定模型。目前，模型选择仍是公开的难题。

（3）SVM是一个二分类器，但实际的模式识别问题大多为多分类问题，在多分类问题上，用SVM构造的学习机存在分类性能低下的问题。

SVM算法分为线性可分和线性不可分两种情况。在线性可分的情况中，可以直接寻找最佳分类超平面；而对于线性不可分的情况，首先需要通过非线性变换将输入空间变换到一个更高维的空间中，然后在新的平面中寻找最佳分类超平面。

如图3.4所示为一个二分类问题，三角形和圆形分别代表两类数据样本，尽管在图中直线 H_1 和 H_2 都可以将两类数据样本进行正确划分，但是SVM寻

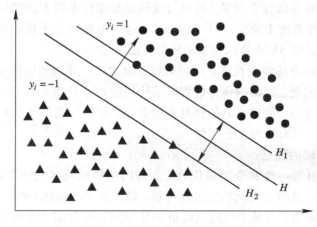

图 3.4　SVM 线性可分的情况

找的最优分界线 H 不仅可正确地划分数据样本,而且可使数据样本的分类间隔保持最大,从而使结构风险最小。

对于训练数据集 (x_i, y_i),$i=1, 2, \cdots, n$,设 $\boldsymbol{w}^{\mathrm{T}}x+b=0$ 为最优超平面 H 的方程,则两类数据样本在线性可分的情况下满足

$$
\begin{cases}
\boldsymbol{w}^{\mathrm{T}}x_i + b \geqslant 1, \ y_i = 1 \\
\boldsymbol{w}^{\mathrm{T}}x_i + b \leqslant -1, \ y_i = -1
\end{cases}
\tag{3.1}
$$

根据式(3.1)可得到 H_1 和 H_2 之间的距离:

$$
\rho = |d_{H_1} - d_{H_2}| = \left| \frac{\boldsymbol{w} \cdot 0 + b - 1}{\|\boldsymbol{w}\|} - \frac{\boldsymbol{w} \cdot 0 + b + 1}{\|\boldsymbol{w}\|} \right| = \frac{2}{\|\boldsymbol{w}\|}
\tag{3.2}
$$

要求解超平面 H,可通过代价函数使得式(3.2)的结果最大,即

$$
\min_{\boldsymbol{w}, b} \frac{1}{2}\|\boldsymbol{w}\|^2, \ \text{s.t.} \ y_i(\boldsymbol{w}^{\mathrm{T}}x_i + b) \geqslant 1
\tag{3.3}
$$

将式(3.3)的代价函数转化为拉格朗日方程后求解,即可得到参数 w 和最优平面 H,从而完成对数据样本的分类。

以上所述均是在数据样本线性可分的情况下,但是在实际情况中数据样本大多数都不是线性可分的。如图 3.5 所示,对于线性不可分的情况,将核函数方程法引入到 SVM 算法中,对输入空间的数据进行非线性函数映射,将线性不可分的数据转换为高维空间中线性可分的数据,从而完成分类。

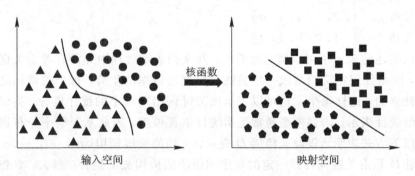

图 3.5　SVM 线性不可分的情况

SVM 中利用核函数计算非线性函数,其一般形式为

$$
K(x_i, y_i) = \Phi(x_i)\Phi(y_i)
$$

其中,$\Phi(x_i)\Phi(y_i)$ 表示数据点的内积。常见的核函数有:

(1) 线性(Linear)核函数:$K(x_i, y_i) = \boldsymbol{x}_i^{\mathrm{T}}x_j$;

(2) 多项式(Polynomial)核函数:$K(x_i, y_i) = (\gamma z_i^{\mathrm{T}}\lambda_j + r)^d$,$\gamma > 0$;

(3) 径向基核函数(RBF):$K(x_i, y_i) = \exp(-\gamma\|x_i - x_j\|)$,$\gamma > 0$。

3.3 基于 SVM 的彩色文物图像分类

3.3.1 词袋模型

BOW(Bag Of Words，词袋)模型源于文本分类，顾名思义即将某些词打包，以方便处理数据时携带相关信息。BOW 模型是自然语言处理和信息检索中的一种简单的表示方式，在文档分类中有着广泛应用，它通过统计每个词在文档中出现的频率作为分类器的特征。

BOW 模型在文本处理领域对文档进行分类和识别，因其简单有效而得到了广泛的应用。其基本原理可以用以下例子描述：

文档 1：我喜欢跳舞，小明也喜欢。

文档 2：我也喜欢唱歌。

基于以上这两个文档，构造一个由文档中的关键词组成的视觉词典：

词典＝{1："我"，2："喜欢"，3："跳舞"，4："小明"，5："也"，6："唱歌"}

这样，根据各个文档中关键词出现的次数，便可以将上述两个文档分别表示成向量的形式：

文档 1：[1, 2, 1, 1, 1, 0]

文档 2：[1, 1, 0, 0, 1, 1]

从上述的表示中可以清楚地看出，在文档表示过程中并没有考虑关键词的顺序，而是仅仅将文档看成一些关键词出现的概率的集合，每个关键词之间是相互独立的，这样每个文档可以表示成关键词出现频率的统计集合，类似于直方图的统计表示。语言模型通常是指统计语言模型，因此基于概率分布理论可以用以下方式表示。假设文档用 D 表示，文档的关键词用 $\{w_1, w_2, \cdots, w_n\}$ 表示，则 D 是由关键词按照一定的顺序和语法结构构成的集合。那么，要想得到 D 在某一段话中出现的概率 $P(D)$，则利用条件概率公式可以得到

$$P(D) = P(w_1)P(w_2 \mid w_1)P(w_3 \mid w_1, w_2) \cdots P(w_n \mid w_1, w_2, \cdots, w_{n-1})$$

$$(3.4)$$

其中，$P(w_1)$ 表示第一个关键词 w_1 在文档中出现的概率，$P(w_2 \mid w_1)$ 表示在 w_1 出现的条件下，w_2 出现的概率，其余同理。由式(3.4)可以看出，当关键词的数量过多时，该式的计算复杂度就会很高，甚至不可能实现，因此就没有意义。针对此问题，可将其近似为马尔可夫性质的无记忆模型，即当前单词的出现只与相邻的前一个单词有关，这样 $P(D)$ 便可以表示成

$$P(D) = P(w_1)P(w_2 \mid w_1)P(w_3 \mid w_2) \cdots P(w_n \mid w_{n-1}) \qquad (3.5)$$

基于此想法，可以将其假设为当前单词的出现只与前两个或前三个单词有关，或者与该单词具有某种空间共生关系的单词有关。这些定义可以依据不同的应用环境和应用背景而自行选择。

2003 年以来 BOW 模型被应用到计算机视觉领域，2004 年 Csurka 等 7 人把该模型的思想成功应用到图像处理中，在应用该模型表述图像时，图像被看作文档，而图像中的关键特征被看作"单词"，其应用于图像分类时主要包括 4 个步骤：特征提取和描述、视觉词典构造、字典表示、训练分类器进行分类和识别。

其具体实现步骤如下：

（1）从图像中提取出局部区域，将图像表示成局部区域的集合。

（2）对这些提取出来的局部区域进行描述，将每一个局部区域用一个特征向量来描述，为了获得好的分类效果，这些特征向量需要具备不同程度的不变性，如旋转、缩放、平移等。

（3）利用上一步得到的大量的特征向量，抽取其中有代表性的向量作为单词，形成词典。

（4）当图像的局部区域和某一单词的相似性超过某一阈值时，就认为图像中包含这个单词。最终对图像中的单词进行统计，把图像表示成单词的分布，设计并训练一个分类器，利用图像中单词的分布进行分类。

3.3.2　SVM 图像分类方法

SVM 是一种典型的二分类器，只回答属于正类还是负类的问题，而现实应用中要解决的往往是多类的问题，如文本分类、数字识别等。如何由二分类器得到多分类器，是一个值得研究的问题。最好的方法是构造多个超平面将空间分为多个区域，样本落在哪个区域就属于哪个类，但这种方法计算量太大，以至于无法实用。目前常用的有以下几种方法：

（1）一对多分类法，每次仍然解一个二分类的问题。例如有 n 个类别，第一次就把类别 1 的样本定为正样本，其余样本合起来定为负样本，这样就得到一个二分类器，能够指出某个样本是不是第 1 类；第二次把类别 2 的样本定为正样本，把其余样本合起来定为负样本，得到一个分类器。如此下去，就可以得到 n 个这样的二分类器。这种方法的优点是每个优化问题的规模比较小，而且分类的速度很快；缺点是可能出现某个样本用每个分类器判定的结果都是正样本，或者每个分类器判定结果都是负样本，前者叫分类重叠现象，后者叫不可分类现象；且由于一类对其余各类样本时，其余各类样本数一般都大于一类样本数，因此会产生"数据集偏斜"的问题。

（2）一对一分类法，即先选类1与类2构造分类器，再选类1与类3构造分类器，直到类1与类n，然后选类2与类3构造分类器，直到类2与类n。如此下去，总的分类器数量为$n(n-1)/2$。虽然分类器的数目多了，但是在训练阶段所用的总时间却比"一对多"方法少很多。多个分类器之间采用投票方式，最后根据票数得出分类结果，这样就没有不可分现象了，但仍然会有分类重叠的现象。此方法的缺点是当类别数n较大时，分类器的数量会变得巨大。

（3）有向无环图分类法，图3.6以5分类为例。分类时，先通过分类器"1对5"，如果分类结果是5，就往右边走，再通过"2对5"分类器，如果分类结果还是"5"，继续往右走，这样一直走下去，就可得到分类结果。其优点是只调用了4个分类器，如果类别数是n，则只调用$n-1$个，分类速度快，且没有分类重叠和不可分类现象；缺点是假如一开始出现分类错误，那么后面的分类器无法纠正错误，就存在错误累积现象。

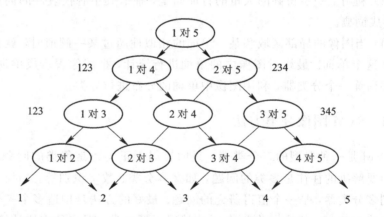

图3.6 有向无环图分类

为解决错误累积，首先在根节点分类器处必须选择差异最大的两类，也就是使根节点错误率降低，然后在分类器输出结果时添加一个置信度，若置信度低，则另一条路也走一遍。

SVM算法的主要学习过程如下：

（1）给定已知标号的n个训练样本(x_i, y_i)，$i=1,2,\cdots,n$，选择合适的核函数k和惩罚因子C。

（2）采用优化算法求解二次规划问题，得到最优解a_i^*。

（3）求解支持向量和分类偏置b^*。

（4）利用上述对偶规划的解来表示最优判别函数：

$$f(x) = \sum_{i=1}^{n} y_i a_i^* K(x_i, x) + b^*$$

3.3.3　基于 SVM 的图像分类体系结构

基于 SVM 的图像分类系统主要由两部分组成：

（1）特征提取策略，该部分是图像分类的基础。

（2）SVM 分类器，该部分是图像分类的重要部分，利用 SVM 对图像样本进行学习，然后利用训练好的 SVM 模型对图像库里的数据进行分类，结构如图 3.7 所示。

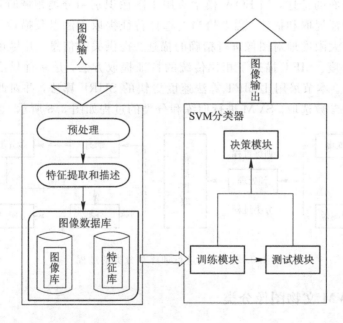

图 3.7　基于 SVM 图像分类的体系结构

图像数据的预处理是指在图像数据库中存在一些"脏"数据和已破坏了的数据，如不清晰的图像、不能打开的图像，系统无法对这些图像数据进行判别或无法提取正确的底层特征，从而导致不可靠的分类输出，因此有必要对这些数据进行处理，去掉"脏"数据和已破坏了的数据。另外，图像预处理还包括对图像的存储格式和图片大小的确定。

每一幅图像都有其本身的特征，图像特征即图像的原始特征或属性。特征提取是基于内容的图像分类的基础，拟提取综合特征，并对其进行归一化处理，然后把图像的特征值输出到相应的文件中，作为下一个模块的输入。

SVM 分类模块以特征提取模块的输出文件作为输入，主要包括 SVM 训练算法和参数的选择、多分类器的构造、SVM 的测试，最后实现图像的分类。

3.4　彩色文物图像分类设计

本节针对彩色文物图像的总体设计进行详细阐述，包括数据提取、提取描述子、图像聚类、构造 BOW 模型及分类器训练；利用比 SIFT 算法速度更快的 SURF 算法提取描述子，构建 BOW 模型并对描述子进行训练，使用 SVM 对彩色文物图像完成分类。

通过前面的论述，当 BOW 模型应用于图像识别和分类领域时，首先要对图像进行特征提取和描述，需要恰当地选择特征提取方法以及描述子，使提取的特征能最大限度地对图像进行精确的描述，提供关键信息，并尽可能地降低实现的复杂度。SIFT 描述子相比传统的特征提取方法，是一种尺度不变的特征提取方法。本节采用比 SIFT 算法速度更快的 SURF 算法，并对改进的描述子进行最优参数选取。SVM 进行训练和分类的过程如图 3.8 所示。

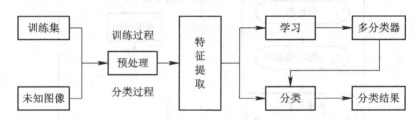

图 3.8　SVM 进行训练和分类的过程

3.4.1　SVM 文物图像分类

利用样本数据来确定分类器的过程称为分类器设计。训练一个多分类器，将每张图像的词袋作为特征向量，将该幅图像的类别作为标签。SVM 首先提取图形的局部特征，用形成的特征单词直方图作为新的特征，最后通过 SVM 进行训练得到模型。

SVM 图像分类的基本流程如图 3.9 所示。

基于 BOW 的 SVM 图像分类中，对读取的数据进行特征提取和特征训练，对新形成的特征集应用聚类操作，从而构造 BOW 模型。利用该词袋模型训练分类器，最后生成图像分类模型。

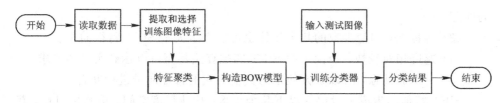

图 3.9　SVM 图像分类流程

（1）文物图像的读入。获取数据的方式很多，比如已有的图像数据或通过数码采集获得数据，也可以是一般的统计数据集，其中的数据以向量或矩阵形式表示，或者是已经准备好的待检测的图像。本章实验采用已经准备好的图像作为数据。

（2）文物图像特征的聚类。将选取的特征聚成 n 类，这 n 类中的每一类相当于图像的"单词"，所有的 n 个类别构成"词汇表"。实现中，n 取 1000，如果训练集很大，应增大取值。

（3）构造 BOW 模型。对训练集中的图像构造 BOW，将所有训练图像中的特征归到不同的类中，然后统计每一类特征的频率。这相当于统计一个文本中每一个单词出现的频率。

3.4.2　提取和选择训练图像特征

1. 特征提取算法 SIFT

SIFT 用于侦测与描述影像中的局部特征，在空间尺度中寻找极值点，并提取出位置、尺度、旋转不变量，它是由 David Lowe 在 1999 年提出的，2004年完善总结。其应用范围包含物体辨识、机器人地图感知与导航、影像缝合、3D 模型建立、手势辨识、影像追踪和动作比对等。局部影像特征的描述与侦测可以帮助辨识物体，SIFT 特征基于物体局部外观的兴趣点，与影像的大小和旋转无关，对于光线、噪声、微视角改变的容忍度相当高。基于这些特性，说明 SIFT 特征高度显著而且相对容易获取，在庞大的特征数据库中很容易辨识物体而且鲜有误认。使用 SIFT 特征描述对于物体部分遮蔽的侦测率也相当高，甚至只需要 3 个以上的 SIFT 特征就足以计算出物体的方位。在小型特征数据库条件下，它的辨识速度可接近实时运算。另外，SIFT 特征的信息量大，适合在海量数据库中实现快速准确匹配。

SIFT 具有以下特性：

（1）代表图像的局部特征，对平移、旋转、尺度缩放、亮度变化和噪声等具有良好的不变性，对视觉变化、仿射变换也保持一定程度的稳定。

（2）独特性好，信息量丰富，适用于在海量特征数据库中进行快速、准确的匹配。

（3）多量性，即使少数的几个物体也可以产生大量 SIFT 特征向量。

（4）速度相对较快，经优化的 SIFT 匹配算法甚至可以达到实时的要求。

（5）可扩展性强，可以很方便地与其他形式的特征向量进行联合。

SIFT 特征的生成一般包括以下几个步骤：构建尺度空间，检测极值点，获得尺度不变性，特征点过滤并进行精准定位，为特征点分配方向值，生成特征描述子。其流程如图 3.10 所示。

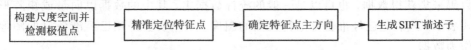

图 3.10　生成 SIFT 特征的流程

2. 特征提取算法 SURF

SURF 是一种类似于 SIFT 的兴趣点检测及描述子算法，通过 Hessian 矩阵的行列式来确定兴趣点位置，根据兴趣邻域点的 Haar 小波来确定描述子，其描述子大小有 64 维（也可以扩展到 128 维，效果更好），是一种非常优秀的兴趣点检测算法。

SURF 算法的特点：

（1）使用积分图像完成图像卷积（相关）操作。

（2）使用 Hessian 矩阵检测特征值。

（3）使用基于分布的描述子（局部信息）。

SURF 算法的原理：

（1）构建 Hessian 矩阵。

（2）构建尺度空间，图像的尺度空间是这幅图像在不同解析度下的表示。

（3）精确定位特征点，所有小于预设极值的取值都被丢弃，增加极值使检测到的特征点数量减少，最终只有几个最强特征点会被检测出来。

（4）确定主方向。

SURF 描述子生成的流程如图 3.11 所示。

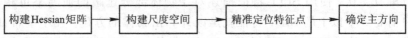

图 3.11　SURF 描述子生成的流程

为保证旋转不变性，首先以特征点为中心，计算半径邻域内的点在 x、y 方向上的 Haar 小波响应，并给这些响应值赋高斯权重系数，使得靠近特征点的响应贡献大，而远离特征点的响应贡献小；范围内的响应相加形成新的矢量，遍历整个圆形区域，选择最长矢量的方向作为该特征点的主方向。这样，通过特征点逐个进行计算，得到每一个特征点的主方向。表 3.1 列出了 SIFT 算法和 SURF 算法的区别。

表 3.1　SIFT 算法和 SURF 算法的区别

	SIFT	SURF
极值点检测	用不同尺度的图像同高斯函数作卷积	用大小不同的 Box Filter 与原始图像利用快速积分特性作卷积
主方向生成	用梯度直方图计算特征点邻接域矩阵	计算特征点圆形邻域内 x、y 方向的 Haar 小波响应
描述子生成	将 16 像素×16 像素区域划分成 4 像素×4 像素子区域，计算子区域的 8 个方向直方图	将 20 像素×20 像素区域划分成 4 像素×4 像素子区域，计算 5 像素×5 像素子区域采样点 Haar 小波响应

表 3.1 充分地表明了 SIFT 和 SURF 算法在极值检测、主方向生成及描述子生成过程中的区别。

表 3.2 则是 SIFT 和 SURF 算法的各项指标的对比。

表 3.2　SIFT 和 SURF 算法的各项指标对比

方法	时间	尺度	旋转	模糊	亮度变化	仿射变换
SIFT	一般	最好	最好	一般	一般	好
SURF	最好	普通	普通	好	最好	好

表 3.2 更好地体现了 SURF 算法在时间及亮度变化方面比 SIFT 算法更好，尤其是在时间方面。

3. 聚类算法 K-Means

K-Means 算法接受参数 k，然后将事先输入的 n 个数据对象划分为 k 个聚类，以便使所获得的聚类满足：同一聚类中的对象相似度较高，而不同聚类中的对象相似度较低。聚类相似度是利用各聚类中对象均值所获得的一个"中心对象"（引力中心）进行计算。

K-Means 算法是最为经典的基于划分的聚类方法，是十大经典数据挖掘算法之一。K-Means 算法的基本思想是：以空间中 k 个点为中心进行聚类，对最靠近的对象归类。通过迭代的方法，逐次更新各聚类中心的值，直至得到最好的聚类结果。

假设要把样本集分为 c 个类别，算法描述如下：

（1）选择 c 个类的初始中心；

（2）在第 k 次迭代中，对任意一个样本，求其到各中心的距离，将该样本

归到距离最短的中心所在的类;

(3) 利用均值等方法更新该类的中心值;

(4) 对于所有的聚类中心,利用(2)、(3)的迭代法更新后,值保持不变,则迭代结束,否则继续迭代。

该算法的最大优势在于简洁和快速,关键在于初始中心的选择和距离公式。该算法流程首先从 n 个数据对象中任意选择 k 个对象作为初始聚类中心;而对于剩下的其他对象,则根据它们与这些聚类中心的相似度(距离),分别将它们分配给与其最相似的(聚类中心所代表的)聚类;然后计算所获每个新聚类的聚类中心(该聚类中所有对象的均值);不断重复这一过程直到标准测度函数开始收敛为止。一般都采用均方差作为标准测度函数。k 个聚类具有以下特点:各聚类本身尽可能地紧凑,而各聚类之间尽可能地分开。

特征提取是指从对象本身获取各种对于分类有用的度量或属性。特征选择是指从描述对象的多种特征中找出那些对于分类最有效的特征。由于 SURF 算法具有比 SIFT 算法快的检测速度,因此我们采用 SURF 算法进行特征描述。

对某一类模式的识别,其关键在于对模式特征的描述以及如何去提取这些特征。特征描述直接影响到特征提取以及特征向量库的建立,并影响到最后的分类精度。从理论上讲,个体的特征是唯一的,这是因为不存在完全相同的两个个体。但是由于客观条件的限制,往往选取的特征并不是描述个体的特征全集,而只是特征的一个子集。因此,确定物体的本质特征是识别任务成功的关键。为了提高特征提取时计算的鲁棒性,往往要求用尽可能少的特征来描述物体,这使得在实际应用中不可避免地存在特征描述的不完全性。

3.5 彩色文物图像分类实验

为验证基于支持向量机的彩色文物图像分类的有效性,下面通过实验对该算法进行仿真验证。

3.5.1 实验环境

实验采用个人笔记本进行仿真,实验环境如表 3.3 所示。

表 3.3 实 验 环 境

开发环境	Microsoft Visual Studio 2010
操作系统	Windows 10 64 位

选取 5 个类别：唐三彩骆驼、唐三彩仕女、壁画、唐三彩瓶子和唐三彩马。其中，每个类别 50 余张图像。每一类的待分类图像为 5 幅，共 25 幅待分类图像，实验采用 SVM 分类器。唐三彩骆驼的训练图集如图 3.12 所示。

图 3.12　唐三彩骆驼的训练图集

唐三彩仕女的训练图集如图 3.13 所示。

图 3.13　唐三彩仕女的训练图集

壁画的训练图集如图 3.14 所示。

图 3.14　壁画的训练图集

唐三彩瓶子的训练图集如图 3.15 所示。

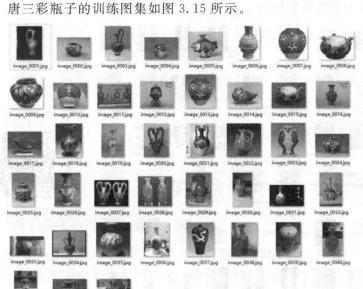

图 3.15　唐三彩瓶子的训练图集

唐三彩马的训练图集如图 3.16 所示。

图 3.16　唐三彩马的训练图集

假设有 5 类，每一类中有 10 幅图像，首先对每一幅图像进行划分（可以刚性分割，也可通过 SURF 基于关键点检测），这样每一幅图像就有很多个划分表示，每一个划分用一个特征向量（假设用 SURF），一幅图像会有成百上千个划分，每一个特征向量的维数是 128。

构建图像的 BOW 模型，假设词典的大小为 1000，即有 1000 个词，那么用 K-Means 算法对所有的划分进行聚类，$k = 1000$，当 K-Means 收敛时，得到每一个簇的质心，这 1000 个质心（维数为 128）就是词典里的 1000 个词，实现了词典的构建。

SVM 是多类分类器，给定标记好的训练样本（监督式学习），SVM 算法能够输出最优化的分隔超平面（分类面）。图像分类是一个多分类问题，因此需要将二分类扩展到多类。本章选择一对一的多分类算法，实现策略是针对 N 分类问题构造 $N(N-1)/2$ 个 SVM 二分类器，每个分类器的训练样本是相关的两个类，组合这些二分类器并使用投票法，得票最多的类即为样本所属的类别。

3.5.2 实验结果

实验中首先是初始化阶段，初始化阶段完成后进入读取训练集阶段，读取完毕会显示出几种类别的图像，紧接着对训练集图像进行聚类（图像聚类的过程比较耗时），然后生成词典，如图 3.17 所示。

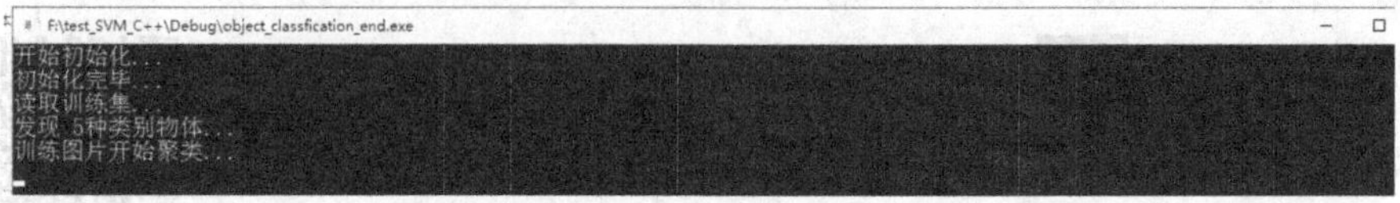

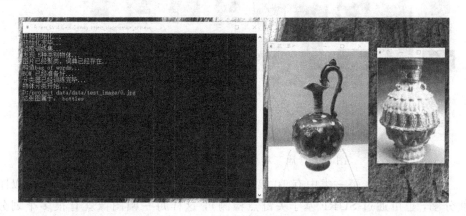

图 3.17 训练图像聚类

最后是 SVM 分类器对测试图像进行分类，分类的结果如图 3.18～图 3.22 所示。

图 3.18 瓶子的分类结果

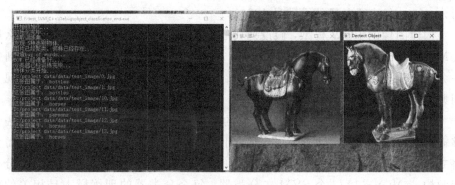

图 3.19 马的分类结果

图 3.20　壁画的分类结果

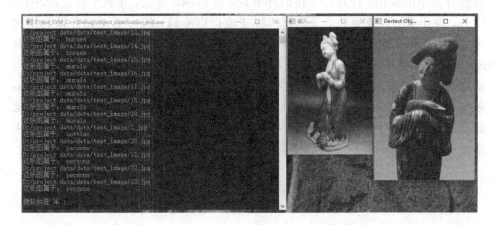

图 3.21　仕女的分类结果

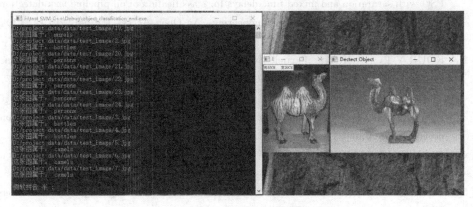

图 3.22　骆驼的分类结果

分类准确率是图像分类实验的评价标准，用公式表示如下：

$$准确率(\%) = \frac{正确分类的样本数}{测试样本总数} \times 100\% \qquad (3.6)$$

实验结果表明 25 幅待分类的图像中 24 幅待分类的图像均分类正确，由公式(3.6)计算出的分类准确率达 95%，因此实验证明了基于支持向量机的彩色文物图像分类具有较好的准确率。

本 章 小 结

本章主要研究了由文档处理领域过渡到图像处理领域的 BOW 模型在文物图像分类中的应用。针对特征提取环节，应用 SURF 算法，相较于传统的 SIFT 算法，特征点的计算更快，所得到的特征点也更准确，能够更加充分地利用图像信息；通过采用多尺度描述等手段，可保证特征的尺度不变性。通过实验对 SVM 进行了最优参数选取，使其在保证效率的同时提高了分类的正确率。为使视觉词典的构造方法更加可靠有效，可应用基于稳定初值分布的 K-Means 聚类方法构造视觉词典。视觉词典的大小对研究结果有一定的影响，如果视觉词典过大，会使得单词太分散而不具有代表性，因此应根据实际的实验环境来选择适当的视觉词典。

参 考 文 献

[1] WANG C，ZHANG Y，SONG J，et al. A novel optimized SVM algorithm based on PSO with saturation and mixed time-delays for classification of oil pipeline leak detection [J]. Systems Science & Control Engineering，An Open Access Journal，2019，7(1)：75 – 88.

[2] KOUR V P，ARORA S. Particle Swarm Optimization Based Support Vector Machine (P-SVM) for the Segmentation and Classification of Plants[J]. IEEE Access，2019，7：29374 – 29385.

[3] WANG H，TONG W，ZHOU Y，et al. Information classification algorithm based on decision tree optimization[J]. Cluster Computing，2018(26)：1 – 10.

[4] QIAN C H，QIANG H Q，GONG S R. An Image Classification Algorithm Based on SVM[J]. Applied Mechanics and Materials，2015，738 – 739：542 – 545.

[5] XIN WANG. Image Retrieval System Based on Block Matching Algorithm and Web [M]. Springer Berlin Heidelberg：2014.

[6] 曹建芳，史昊，赵青杉. 并行 Adaboost-BP 算法及其在海量图像分类中的应用[J]. 新

疆大学学报：自然科学版，2017，(1)：70 - 77.

[7] 赵永威，李婷，蔺博宇. 基于深度学习编码模型的图像分类方法[J]. 工程科学与技术，2017，(1)：213 - 220.

[8] 殷贺贺，许钢，江娟娟，等. 改进型 SIFT 算法在 BOW 模型图像分类中的应用研究[J]. 蚌埠学院学报，2017，(1)：24 - 27.

[9] 戴福双. 基于子空间学习和稀疏编码的图像分类算法研究[D]. 北京交通大学，2016.

[10] 翟莉. 基于加权多特征融合和 SVM 的图像分类研究[D]. 华中师范大学，2016.

[11] 冯子勇. 基于深度学习的图像特征学习和分类方法的研究[D]. 华南理工大学，2016.

[12] 刘爽. 基于词袋模型的图像分类系统[D]. 大连海事大学，2015.

[13] 任越美，李垒，张艳宁，等. 一种基于多粒子群协同进化的高光谱图像波段选择与分类方法[J]. 计算机科学，2014，41(12)：283 - 286.

[14] 王立国，魏芳洁. 结合遗传算法和蚁群算法的高光谱图像波段选择[J]. 中国图象图形学报，2013，18(2)：235 - 242.

[15] 岳彩荣，张国华，马军勇. 基于图像分块的 Harris-SIFT 特征匹配算法[J]. 现代电子技术，2013，(22)：73 - 75.

[16] 可华明，陈朝镇，张新合，等. 遗传算法优化的 BP 神经网络遥感图像分类研究[J]. 西南大学学报：自然科学版，2010，32(7)：128 - 132.

彩色参考图像检索方法

基于历史元素的彩色参考图像检索系统能够为文物色彩复原和保护提供有力支持。彩色参考图像的建立和匹配直接影响文物色彩复原效果，在现存褪色文物的基础上，通过史料知识和专家经验，建立与褪色文物相似的彩色参考图像集后，褪色文物图像和彩色参考图像之间高效的匹配方法，为文物的色彩复原提供有力的科学依据。本章在研究历史元素彩色参考图像的颜色、形状以及纹理等特征的基础上，将3种特征相结合，实现基于历史元素彩色参考图像综合特征的图像检索系统。

4.1 文物图像检索的关键技术

图像检索系统的基本原理及框架结构如图4.1所示，首先建立本地文物图像库，通过用户界面选择待检索的文物样图；然后对检索样图和图像库中所有图像进行分析处理，并提取图像特征；最后进行图像检索，通过样图分析得到

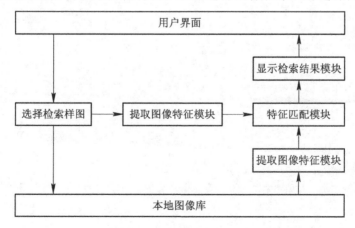

图 4.1 文物图像检索的基本原理及框架结构

特征向量，进行相似性度量后，得到匹配结果，再按照相似度降序方法将查询结果返回并显示到用户界面。

根据图像的颜色、形状、纹理等可视化特征表达图像的内容即图像特征，在提取到图像特征后，利用特征相似性度量进行匹配并检索出与样图相似的目标。文物图像检索的关键技术包括图像特征的提取及基于特征的相似性匹配。

4.1.1　文物图像特征的提取

图像特征提取技术以图像的底层特征为主要对象，本节主要研究图像的颜色特征、形状特征、纹理特征，下面针对这 3 种常见的底层特征进行分析。

1. 颜色特征

颜色是非常重要的视觉属性，在检索对比时比较直观。若颜色特征定义得比较明确，对颜色特征的提取也比较容易一些。所以在现有的图像检索技术中，应用最广泛的图像特征之一就是图像的颜色特征。常用的颜色特征表达方式有颜色直方图、颜色相关图、颜色一致向量及颜色矩。

（1）颜色直方图。颜色直方图在图像检索系统中被广泛用于描述图像的颜色特征，表示不同色彩在整幅图像中占的比例，但它不考虑每种色彩的空间位置，所以无法描述图像中的物体和对象。对于那些很难进行自动分割的图像，可以根据颜色直方图进行描述。颜色空间分为两种：① 面向硬件设备的，比如 RGB、CMY 等空间模型；② 面向视觉感知的，比如 HSV、HIS、Lab 等空间模型。其中 RGB 是最典型的空间模型，虽然 RGB 空间模型和人的视觉系统结构关系密切，却不符合人眼视觉感知特性。HSV 空间的色调（Hue）、饱和度（Saturation）、亮度（Value）和人眼对颜色的视觉感知最为贴近。本章采用 HSV 空间来统计颜色直方图。

（2）颜色相关图。颜色相关图表示图像的像素点随距离大小呈现的分布状态。利用颜色对(i, j)来构造索引表，表中的分量 $C_{i, j}$ 表示颜色为 i 和 j 的像素对的数量与整幅图像的比例，反映了不同颜色对之间的空间相关性和图像的像素点分布。

（3）颜色一致向量。颜色一致向量统计了整幅图像当中各种颜色像素的数量，将图像中的像素分成一致与不一致。一致性像素属于图像中颜色连续的区域。通过将一致性像素与非一致性像素进行分离，一幅图像中的一致性像素不能与另外一幅图像中的不一致性像素来进行比较。它本质上是一种引入空间信息改进的直方图算法，这种方法不仅统计了整幅图像中各种颜色的像素个数，还统计了图像中各颜色最大区域的像素值，简单的颜色直方图则无法实现。

（4）颜色矩。颜色矩通过计算出颜色直方图低三阶矩的统计量，根据统计量来表示图像的颜色特征。这种方法无需对颜色直方图进行量化，因此提高了检索速度。本章将利用颜色矩来表示图像的颜色特征。

2. 形状特征

图像的形状特征也是图像的核心特征之一，图像的形状信息是图像的稳定特征，不会随图像颜色的变化而变化。用形状特征区别图像非常直观，也是对不同图像分类的主要特征之一。因此，根据形状特征对图像进行检索可以提高准确性和效率。

图像形状特征的表示方法通常分为两类：① 图像的轮廓特征；② 图像的区域特征。图像的轮廓特征主要针对的是图像的边界，图像的区域特征则关系到整幅图像的形状区域。这里针对图像的轮廓特征和图像的区域特征，介绍几种典型的图像形状特征检索方法。

（1）基于边界特征的图像检索方法，通过描述图像边界特征从而获得图像的形状特征参数。本章采用 Canny 算子检测图像的边界，获取图像的边界特征。

（2）基于形状区域特征的图像检索方法，本章利用形状不变矩描述图像的区域特征。形状不变矩表示图像的形状特征时，具有平移、旋转、缩放等空间几何不变性，这种方法在基于形状特征的图像检索中有着非常重要的作用。

3. 纹理特征

纹理是图像非常重要的一种属性，纹理特征是物体表面的固有特征之一。图像的纹理表达方法有 4 种：统计法、结构法、模型法以及频谱法。

（1）统计法。统计法通过图像灰度的分布以及关系的统计规则来描述图像的纹理特征。统计法中最简单的一种是灰度直方图，但是这种方法的缺点是无法对图像像素相对位置的空间信息进行描述。与灰度直方图相比，统计法中共生矩阵法的优点在于考虑了空间信息分布，这种方法首先构造灰度图像像素对的共生矩阵，然后根据得到的灰度共生矩阵提取相关统计量，再根据统计量表示图像的纹理特征。统计法适用于描述具有自然纹理特征的图像。

（2）结构法。结构法认为简单的纹理基元按照一定的规律排列组合后可以形成比较复杂的纹理，因此可以通过对这些简单的纹理基元的排列规则进行分析来提取图像的纹理特征。结构法中有两个关键问题：纹理基元的确定和其排列规则的建立。但纹理一般是无规则的，所以实际研究中很少使用结构法来分析图像的纹理特征。

（3）模型法。模型法以建立数学模型的方式描述图像的纹理，计算量较大。

（4）频谱法。频谱法主要依据频率特性表示纹理特征，其中包括 Gabor、塔式、树式小波变换和傅里叶分析等方法。现阶段采用的纹理方法主要是傅里叶分析法和 Gabor 小波变换。本章主要讨论基于傅里叶变换的纹理特征提取。

4.1.2　基于特征的相似度匹配

相似性度量是图像检索的关键环节。检索系统中对检索样图和图像库中所有的图像进行特征表达和特征提取，并通过向量表示这些特征；计算特征向量之间的距离，并用该距离表示相似度的高低，距离小则相似度高。

相似性度量的方法很多，但大多数方法是把不同特征分量之间的距离叠加起来，以此表示图像特征之间的距离。下面介绍几种常见的相似性度量方法，其中，x、y 表示两幅图像对应的特征向量，特征分量为 x_i 和 y_i，图像间的距离为 $D(x, y)$。

（1）直方图相交：

$$D(x, y) = \frac{\sum_{i=0}^{n} \min(x_i, y_i)}{\sum_{i=1}^{n} x_i} \qquad (4.1)$$

直方图相交是指两个直方图在每个灰度级共有的像素数量。直方图相交法通常用于计算直方图距离。

（2）二次型距离：

$$D(x, y) = \sum_{i=0}^{n} \sum_{j=0}^{n} (x_i, y_i) \cdot a_{i,j} \cdot (x_j, y_j), \ a_{i,j} \in A \qquad (4.2)$$

式中，A 代表一个协方差矩阵。这种方法利用引入协方差矩阵的方式来反映不同特征分量之间的相关性。该方法的缺点是协方差矩阵 A 的确定较为困难，并且计算的复杂度较高。

（3）欧氏距离：

$$D(x, y) = \sqrt{\sum_{i=1}^{n} |x_i - y_i|^2} \qquad (4.3)$$

欧氏距离是一种常用的距离公式，该公式较为合理地反映了人类视觉感知的相似性标准。与曼哈顿距离类似，它将特征向量各分量的关系认为平等，即都是同等重要的。

（4）曼哈顿距离：

$$D(\boldsymbol{x}, \boldsymbol{y}) = \sum_{i=1}^{n} |x_i - y_i| \qquad (4.4)$$

曼哈顿距离适用于计算各分量关系平等的特征向量的距离，优点是计算的复杂度低。本章将通过曼哈顿距离进行图像特征的相似性度量，得到图像的颜色特征、形状特征以及纹理特征的相似性向量。

4.1.3 图像检索的性能评价

图像检索的性能评价问题至今没有统一的标准，但是每一个技术的发展和完善都离不开其领域的相应评价标准，所以系统的性能评价问题不可忽视。目前的图像检索算法种类繁多，性能也各不相同，需要对这些算法的性能进行系统的评价，从这些算法中筛选出比较优秀的，才能对检索方法进行进一步的改进。在实际的应用过程中，一般通过查全率和查准率两个指标对系统的性能进行评价。

（1）查全率：

$$\text{recall} = \frac{n}{N} \qquad (4.5)$$

其中，n 代表系统检索到的图像和用户所输入图像相似的图像数量，N 则代表图像数据库中所有与用户所输入图像相似的图像数量。查全率反映了系统检索的全面性。

（2）查准率：

$$\text{precision} = \frac{n}{T} \qquad (4.6)$$

其中，T 代表系统输出的所有图像的总数量。查准率主要反映了系统检索的准确性。

4.2 基于颜色的文物图像检索

4.2.1 颜色模型及其转换

在三维颜色空间中，颜色模型是一个可见光子集。颜色模型包含某个颜色域中的所有颜色，所以任何颜色模型均无法包含所有的可见光。常见的颜色模型有 RGB、HSV、CMYK、Lab 等。本节讨论 RGB 和 HSV 两种常见的颜色模型。

1. RGB 颜色模型

RGB 颜色模型是一种色光表示模式，面向计算机硬件设备，使用非常广泛。计算机中，定义 R、G、B 三种颜色成分的取值均为 [0，255]，0 表示刺激量的最小值，255 表示刺激量的最大值。R、G、B 的值均为 0 时合成黑色，R、G、B 的值均为 255 时合成白色。

R、G、B 三原色组合在一起时产生复合色，如图 4.2 所示。在颜色重叠位置产生了黄、青和品红三种颜色。R、G、B 三种颜色可以合成其他颜色，所以也被称为加色。

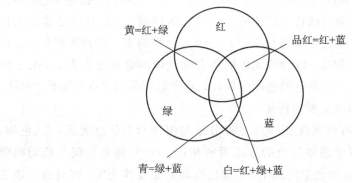

图 4.2 RGB 三原色混合效果

一般用单位立方体表示 RGB 颜色模型，在正方体的主对角线上各原色的强度均相同，并产生不同的灰度级。(0，0，0) 代表黑色，(1，1，1) 代表白色，如图 4.3 所示。

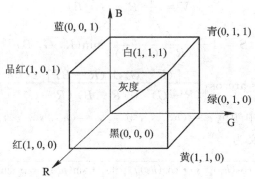

图 4.3 RGB 颜色模型

RGB 颜色模型是一种电子输入设备中普遍使用的色彩模型，比如显示屏、数码相机和扫描仪等。RGB 颜色空间可以产生 16 777 216 种颜色，与可见光谱色域范围相比要窄得多。其颜色空间是和设备相关的，在不同的设备上 RGB

颜色空间再现的颜色不可能完全相同。

RGB 颜色模型的缺点：① 如果要改变一个颜色，三个颜色通道上的颜色均需要修改；② RGB 颜色空间是非均匀视觉的颜色空间，不代表视觉上颜色的相似性。

2. HSV 颜色模型

HSV 颜色模型是一种面向视觉感知特性的主观颜色模型，能够很好地反映人眼对色彩的感知与鉴别。HSV 颜色空间与人眼颜色视觉特性的三要素直接对应，即色调、饱和度及亮度，通道之间各自独立。色调用来描述颜色。在人眼感知的色彩中，色调是波长占优势的电磁波表达的颜色。饱和度是描述颜色纯净度的属性。单一颜色光的饱和度最高，掺入白光越多，饱和度越低。亮度用来描述颜色的明亮程度。以合成颜色的所有电磁波的总强度来表示亮度。色调和饱和度合成色品，是颜色的色度学属性，亮度是颜色的光度学属性，色调、饱和度以及亮度共同决定颜色特征。

HSV 颜色模型有两大优点：① 亮度分量与图像彩色信息无关；② 色调、饱和度分量与人眼视觉感知颜色的方式紧密相连。HSV 颜色空间是均匀视觉的颜色空间，从 RGB 颜色空间到 HSV 颜色空间是非线性变换，容易进行逆变换。为了符合人眼的视觉感知特征，需要将 RGB 颜色空间转换为 HSV 颜色空间。在归一化的 RGB 模型中，R、G、B 三个分量的值在 $[0, 1]$ 之间，对应的 HSV 模型中 H、S、V 分量由 R、G、B 表示为

$$V = \frac{1}{3}(R + G + B) \tag{4.7}$$

$$S = 1 - \frac{3}{(R + G + B)}[\min(R, G, B)] \tag{4.8}$$

$$H = \arccos\left\{ \frac{[(R - G) + (R - B)]/2}{(R - G)^2 + (R - B)(R - G)^{\frac{1}{2}}} \right\} \Big/ 360 \tag{4.9}$$

设 HSV 空间中颜色 $c_1 = (h_1, s_1, v_1)$，$c_2 = (h_2, s_2, v_2)$，则色彩 c_1 和色彩 c_2 的相似性 S_{12} 定义为

$$S_{12} = 1 - \frac{1}{\sqrt{5}}\sqrt{(s_1 \cdot \cos(h_1) - s_2 \cdot \cos(h_2))^2 + (s_2 \cdot \sin(h_1) - s_2 \cdot \sin(h_2))^2 + (v_1 - v_2)^2}$$

$$\tag{4.10}$$

$S_{12} \in [0, 1]$，c_1、c_2 越相似，S_{12} 数值越趋近于 1。c_1、c_2 之间的距离最大时，S_{12} 的数值趋近于 0。

（1）MATLAB 中的图像类型转换关系如图 4.4 所示。

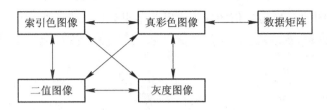

图 4.4　图像类型转换关系

（2）表 4.1 列举了 MATLAB 中常用的图像类型转换函数。

表 4.1　图像类型转换函数

函数名	函 数 功 能
gray2ind	将灰度图像转换成索引图像
im2bw	将灰度图像转换成二值图像
ind2gray	将索引色图像转换成灰度图像
ind2gray	将索引色图像转换成真彩色图像
mat2gray	将数值矩阵转换成灰度图像
rgb2gray	将真彩色图像转换成灰度图像
rgb2ind	将真彩色图像转换成索引色图像

（3）下面通过具体的 MATLAB 代码来展示部分图像类型之间的转换。

① RGB 图像转换为灰度图像，代码及结果如图 4.5、图 4.6 所示。

```
Command Window
fx >> I=imread('2.jpg');      %读取文件格式为.jpg,文件名2的RGB图像
   X=rgb2gray(I);             %将RGB图像转换为灰度图像
   subplot(121),imshow(I);    %显示原图像
   subplot(122),imshow(X);    %显示转换后的灰度图像
```

图 4.5　RGB 图像转换为灰度图像的 MATLAB 代码

图 4.6　运行结果

② 灰度图像转换为二值图像，代码及结果如图 4.7、图 4.8 所示。

```
Command Window
fx >> I=imread('8.jpg');                    %读取图像信息
   I1=im2bw(I,0.4);                         %将灰度图像转换为二值图像，level值为0.4
   I2=im2bw(I,0.6);                         %将灰度图像转换为二值图像，level值为0.6
   subplot(131),imshow(I);                  %显示原灰度图像
   title('(a) 原灰度图像','FontSize',12,'FontName','隶书','color','r');
   subplot(132),imshow(I1);                 %显示level=0.4转换后的二值图像
   title('(b) level=0.4转换后的二值图像','FontSize',12,'FontName','隶书','color','r');
   subplot(133),imshow(I2);                 %显示level=0.6转换后的二值图像
   title('(c) level=0.6转换后的二值图像','FontSize',12,'FontName','隶书','color','r');
```

图 4.7　灰度图像转换为二值图像的 MATLAB 代码

(a) 原灰度图像

(b) level=0.4 转换后的二值图像

(c) level=0.6 转换后的二值图像

图 4.8　运行结果

③ RGB 模型转换为 HSV 模型，代码和结果如图 4.9、图 4.10 所示。

```
Command Window
fx >> I=imread('8.jpg');              %读取图像信息
   HSV=rgb2hsv(I);
   H=HSV(:,:,1);
   S=HSV(:,:,2);
   V=HSV(:,:,3);
   subplot(221),imshow(H);            %显示原灰度图像
   title('(a) H(色调)图像','FontSize',14,'FontName','隶书','color','r');
   subplot(222),imshow(S);            %显示level=0.4转换后的二值图像
   title('(b) S(饱和度)图像','FontSize',14,'FontName','隶书','color','r');
   subplot(223),imshow(V);            %显示level=0.6转换后的二值图像
   title('(c) V(亮度)图像','FontSize',14,'FontName','隶书','color','r');
   subplot(224),imshow(I);
   title('(D) RGB图像','FontSize',14,'FontName','隶书','color','r');
```

图 4.9　RGB 模型转换为 HSV 模型的 MATLAB 代码

(a) H(色调)图像

(b) S(饱和度)图像

(c) V(亮度)图像

(d) RGB图像

图 4.10　运行结果

4.2.2　颜色特征表达

颜色矩是一种简单有效的颜色特征表示方法，由 Stricker 和 Rengo 提出。颜色矩以数字方法为基础，通过计算矩来描述图像的颜色分布。在 RGB 颜色空间中，颜色矩可直接计算得到。由于图像颜色的分布信息主要集中在低阶矩中，因此常采用一阶矩、二阶矩和三阶矩来表示图像的颜色分布。跟颜色直方图相比，颜色矩无需对颜色特征进行量化。

一阶颜色矩表示均值，定义了每个颜色分量的平均强度，反映图像的明暗程度；二阶颜色矩表示标准差，反映了图像颜色的分布范围，即不均匀性；三阶颜色矩表示方差，反映图像的颜色分布对称性。颜色的一阶矩 μ_i、二阶矩 σ_i、三阶矩 ξ_i 的数学表示如下：

$$\mu_i = \frac{1}{N} \sum_{j=1}^{N} f_{ij} \tag{4.11}$$

$$\sigma_i = \sqrt{\frac{1}{N} \sum_{j=1}^{N} (f_{ij} - \mu_i)^2} \tag{4.12}$$

$$\xi_i = \sqrt[3]{\frac{1}{N} \sum_{j=1}^{N} (f_{ij} - \mu_i)^3} \tag{4.13}$$

式中，f_{ij} 表示像素点 j 的颜色值为 i 的概率，N 是图像中像素点的数量。

若 Q、I 代表两幅图像，则对应颜色矩的距离公式表示为

$$D[Q, I] = \sum_{i=1}^{3} (\omega_{i1} |\mu_i^Q - \mu_i^I| + \omega_{i2} |\sigma_i^Q - \sigma_i^I| + \omega_{i3} |\xi_i^Q - \xi_i^I|) \tag{4.14}$$

式中，$\omega_{ij} \geqslant 0 (1 \leqslant i, j \leqslant 3)$ 为用户指定的加权系数，i 代表颜色通道。

颜色矩在许多基于内容的图像检索系统中应用广泛，尤其是图像中只有一个目标时效果显著。相对其他颜色特征而言，颜色矩用 9 个数值表示颜色的特征，效果较好。

在描述具有历史元素的彩色参考图像的颜色特征时，为了减小计算量，本章采用 HSV 颜色空间下的颜色矩来表示图像的颜色特征；使用曼哈顿距离进行颜色矩的相似性度量，进而得到检索结果。

4.2.3　基于颜色矩的文物图像检索

基于颜色矩的文物图像检索流程如下：

（1）提取检索样图和图像库中所有图像像素的颜色值（RGB 值）；

（2）将 RGB 值转换成相应的 HSV 值；

（3）分别计算 HSV 的一、二、三阶颜色矩，共 9 个量，作为颜色特征；

（4）对提取的颜色直方图进行归一化；

（5）利用曼哈顿距离进行相似性度量，得到检索结果。

基于颜色矩的文物图像检索如图 4.11 所示。

实验中利用颜色矩表示图像的颜色特征，样图和检索结果如图 4.12 所示。

图 4.12 是文物玉佩进行检索的结果。从图中可以发现，检索样图主要是以玉佩的白色以及背景的黑色为主。除了第 6 幅检索到的图像颜色有点偏绿外，检索结果中主要以白色和黑色两种颜色为主，说明此样图用上述图像检索方法得到了较好的检索结果。

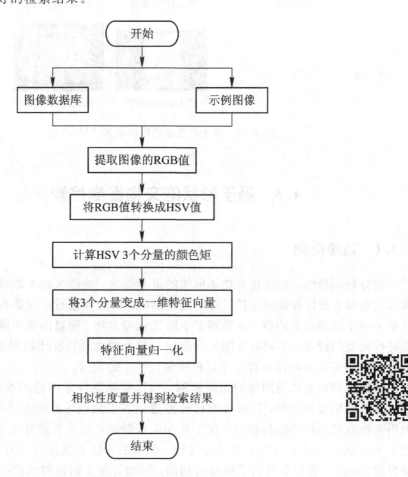

图 4.11　基于颜色矩的文物图像检索

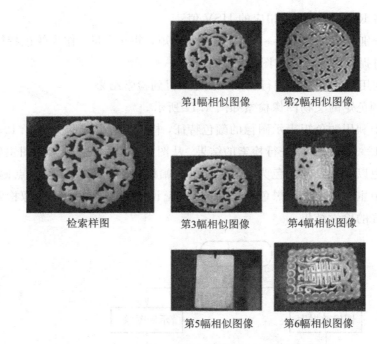

第1幅相似图像　　　第2幅相似图像

检索样图　　　第3幅相似图像　　　第4幅相似图像

第5幅相似图像　　　第6幅相似图像

图 4.12　基于颜色矩的图像检索结果

4.3　基于形状的文物图像检索

4.3.1　边缘检测

　　在分析图像时，边缘包含物体形状的重要信息，能够大幅度地减小需要处理的信息量，而且有效地保护目标的边界结构。对图像进行边缘提取和分割一直是一项重要的研究内容，并得到了不断优化与发展。通过图像边缘检测可发现特性突变的位置，不同灰度图像在图像边界处的边缘特征比较明显。图像边缘检测的实现依赖物体和背景在某种图像特性上的差异。

　　图像识别的基础是图像的边缘检测，边缘检测将决定图像识别的准确性。经过多年的研究和发展，边缘检测已经渗透到各个领域。在医学领域，边缘检测用来提取肾小球的结构信息；在工业和工程领域，用来检测纤维制品；在文化艺术领域，应用于纺织工艺品的设计、服装的设计和制作以及发型的设计；在焊接、喷漆、装配中得到了很好的利用。同时，在文物资料图像的复原和复制中也得到了有效利用。

利用 Canny 算子进行边缘检测的算法步骤如下：

（1）通过高斯滤波器进行滤波，去除图像中的噪声。

（2）利用高斯算子的一阶微分再次滤波，得到每幅图像的梯度强度与方向。

（3）对梯度执行"非极大抑制"，图 4.13 为梯度方向的定义，1、2、3、4 表示四个区，各个区以不同的邻近像素比较，确定局部极大值。

4	3	2
1	x	1
2	3	4

图 4.13　梯度方向图

（4）对梯度进行两次取阈值，分别为 Th_1 和 Th_2，二者之间的关系为 $Th_1 = 0.4 \cdot Th_2$。将梯度值比 Th_1 小的像素灰度设为 0，得到图像 1。再将梯度值比 Th_2 小的像素灰度设为 0，得到图像 2。因为图像 2 的阈值较高，所以去除了大部分的噪声，但是同时损失了有用的边缘信息。图像 1 的阈值低，保留了较多的信息。以图像 2 为基础，图像 1 用于补充连接图像的边缘。

（5）连接边缘的过程如下：

① 扫描图像 2，若遇到非零的灰度像素点 A，将点 A 作为轮廓线的开始点进行跟踪，一直到轮廓线的终点 Q。

② 考察图像 1 和图像 2 中 Q 点位置相对应的点 Q' 的 8 邻近区域。

③ 在完成对包含点 A 轮廓线的连接之后，将该轮廓线标记为已经访问。然后回到第①步寻找下一条轮廓线，重复第①、②、③步，直至图像 2 中再无法找到新的轮廓线为止。

4.3.2　形状不变矩描述形状区域特征

本章采用形状不变矩描述图像的形状区域特征，以目标区域所占的矩作为形状描述参数，这是一种常用的形状描述方法。形状不变矩的特点是不随图像的平移、缩放和旋转而变化，非常适合于描述图像的形状特征。区域 $f(x, y)$ 的 $(p+q)$ 阶矩定义为

$$m_{pq} = \sum_x \sum_y x^p \cdot y^q \cdot f(x, y) \quad p, q = 0, 1, 2, \cdots \quad (4.15)$$

其相应的中心矩定义为

$$u_{pq} = \sum_x \sum_y (x - \bar{x})^p (y - \bar{y})^q f(x, y) \quad p, q = 0, 1, 2, \cdots \quad (4.16)$$

式中，$\bar{x}=\dfrac{m_{10}}{m_{00}}$，$\bar{y}=\dfrac{m_{01}}{m_{00}}$，为重心坐标。$(\bar{x}, \bar{y})$ 是目标区域的灰度质心。$f(x, y)$ 归一化 $(p+q)$ 阶中心矩定义为

$$\eta_{pq}=\frac{u_{pq}}{u_{00}^{\gamma}} \qquad p, q=0, 1, 2, \cdots \tag{4.17}$$

$$\gamma=\frac{p+q}{2}+1 \qquad p, q=2, 3, 4, \cdots \tag{4.18}$$

根据归一化后二阶、三阶中心矩得到 7 个二维不变矩：

$$\begin{cases} M_1=\mu_{20}+\mu_{02} \\ M_2=(\mu_{20}-\mu_{02})^2+4\mu_{11}^2 \\ M_3=(\mu_{30}-3\mu_{12})^2+(3\mu_{21}-\mu_{03})^2 \\ M_4=(\mu_{30}-\mu_{12})^2+(\mu_{21}+\mu_{03})^2 \\ M_5=(\mu_{30}-3\mu_{12})(\mu_{30}+\mu_{12})[(\mu_{30}+\mu_{12})^2-3(\mu_{21}+\mu_{03})^2]+ \\ \qquad (3\mu_{21}-\mu_{03})(\mu_{21}+\mu_{03})[3(\mu_{30}+\mu_{12})^2-(\mu_{21}+\mu_{03})^2] \\ M_6=(\mu_{20}-\mu_{02})[(\mu_{30}+\mu_{12})^2-(\mu_{21}+\mu_{03})^2]+ \\ \qquad 4\mu_{11}(\mu_{30}+\mu_{12})(\mu_{21}+\mu_{03}) \\ M_7=(\mu_{30}+\mu_{12})(3\mu_{21}-\mu_{03})[(\mu_{30}+\mu_{12})^2-(\mu_{21}+\mu_{03})^2]- \\ \qquad (\mu_{30}-3\mu_{12})(\mu_{21}+\mu_{03})[3(\mu_{30}+\mu_{12})^2-(\mu_{21}+\mu_{03})^2] \end{cases}$$

$$\tag{4.19}$$

利用 Canny 算子检测图像的边缘特征，在此基础上提取图像的形状不变矩特征，再采用曼哈顿距离进行相似性度量，便可得到图像形状特征的相似性向量。

4.3.3　基于形状不变矩的文物图像检索

基于形状不变矩的文物图像检索流程如下：

(1) 输入文物检索样图（从图像库中选择一幅图像）。

(2) 将检索样图与图像库中所有图像转换成二值图像。

(3) 利用 Canny 算子对所有图像进行边缘检测。

(4) 以边缘检测的结果来计算图像的质心、区域形心位置、中心矩。

(5) 利用各阶中心矩计算 7 个不变矩，得到特征向量并合成一维特征向量。

(6) 根据曼哈顿距离进行相似度匹配并得到检索结果。

基于形状不变矩的文物图像检索流程如图 4.14 所示。

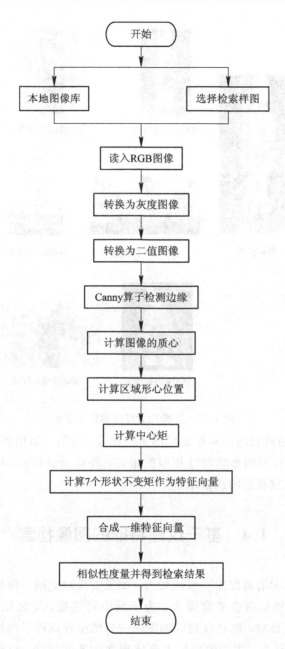

图 4.14　基于形状不变矩的文物图像检索流程

实验以 Canny 算子边缘检测算法和形状不变矩相结合的方法描述图像的形状特征，图 4.15 是检索样图和检索结果。

第1幅相似图像　　　　第2幅相似图像

检索样图　　　　第3幅相似图像　　　　第4幅相似图像

第5幅相似图像　　　　第6幅相似图像

图 4.15　实验检索样图和检索结果

对图 4.15 的检索结果和检索样图进行比较，除第 6 幅相似图像之外，其余 5 幅相似图像与样图的形状特征相似度很高，外观上很相似，说明通过上述检索方法得到了比较满意的检索结果。

4.4　基于纹理特征的图像检索

由于图像检索的数据库一般比较大，如果直接对整幅图像的纹理特征进行提取和分析，运算量将会非常庞大。为了减小计算量，突显图像的主要部分，先对图像进行预分割，再对分割后的图像进行傅里叶描述子的纹理检测与纹理特征提取。一般认为，图像的特征主要体现在大连通域处，可依据此原理对图像进行分割。首先，将 RGB 图像转换为灰度图像，对灰度图像进行二值化，然后进行形态学处理，并进行连通域分析，得到最大的连通域，将其作为目标区域进行图像纹理特征检测。

在离散情况下，设边界上的点组成的有序点集可表示为一个复数序列 $z(k)=x(k)+j\cdot y(k)$，$k=0,1,2,\cdots,N-1$，对其进行离散傅里叶变换：

$$S(w)=\frac{1}{N}\sum_{k=0}^{N-1}Z(k)\exp\left\{-\frac{j\cdot 2\pi wk}{N}\right\}\quad k=0,1,2,\cdots,N-1\quad(4.20)$$

傅里叶描述子 $S(w)$ 的反变换为

$$Z(w)=\sum_{w=0}^{N-1}S(k)\exp\left\{-\frac{j\cdot 2\pi wk}{N}\right\}\quad k=0,1,2,\cdots,N-1\quad(4.21)$$

离散傅里叶变换是可逆的线性变换，在这个变换的过程中信息不增不减。

图像分割后，获取到图像中最大的连通域，傅里叶描述子要处理的目标区域就是这个最大连通域。但是对图像进行二值化后，连通域内部的点已经没有频率分析的意义，所以通过提取最大连通域的边界，对该边界的有序复数坐标用傅里叶描述子进行分析，得到图像的纹理特征。

分别对图 4.16 的边界进行长度为 256 点的傅里叶描述后，得到其频谱图，如图 4.17 所示。

图 4.16　图像预分割边界纹理

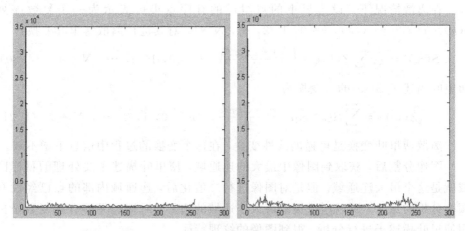

图 4.17　两纹理图的傅里叶描述子比较

从图 4.17 获知代表图像形状的低频分量占据的能量较大，如果采用这样的特征向量，在相似性度量时，图像的纹理特征所占比例将远远小于图像的形状特征，直接观察两者的特征会很难区别。因此去除频谱中的低频分量，保留高频分量，得到如图 4.18 所示的频谱图。

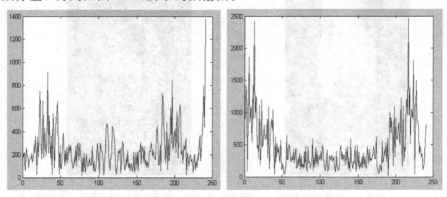

图 4.18　两纹理图傅里叶描述子的高频分量部分

由图 4.18 可见，两者的高频纹理特征区别较大。同样采用曼哈顿距离进行相似性度量，即可得到图像纹理特征的相似性向量。

基于傅里叶变换的纹理图像检索流程如下：

（1）在本地图像库中选择一幅检索样图。

（2）读入检索样图和图像库中的所有图像并进行图像的二值化。

（3）对二值化后的所有图像进行形态学处理。

（4）继续对形态学处理后的图像进行区域分割和连通域分析并获取最大连通域。

（5）提取最大连通域的轮廓并进行傅里叶变换，得到频谱图。

（6）去除频谱图中的低频分量。

（7）对得到的图像纹理特征向量进行归一化。

（8）采用曼哈顿距离进行相似性度量得到检索结果。

基于傅里叶变换的文物图像检索流程如图 4.19 所示。

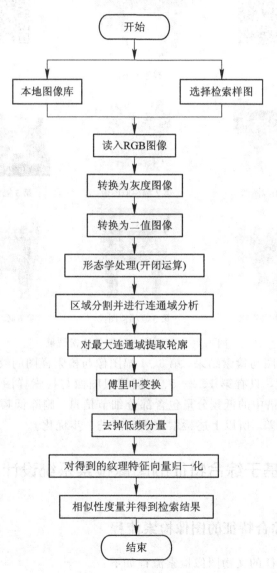

图 4.19　基于傅里叶变换的文物图像检索流程

实验采用图像预分割与傅里叶变换结合的方式，对图像进行纹理特征提取，图 4.20 为实验检索样图和检索结果。

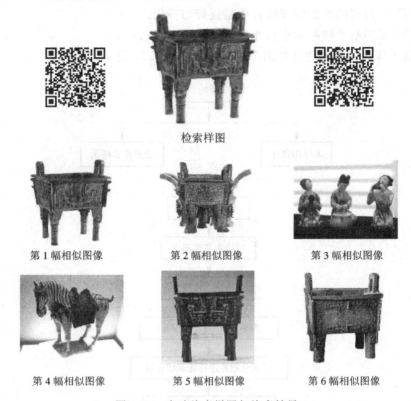

图 4.20　实验检索样图与检索结果

比较检索样图与检索结果，第 3、4 幅图像与检索样图的纹理和轮廓特征的相似性差距很大，只有第 1、2、5、6 幅相似图像与检索样图的轮廓和纹理接近。由于图像频谱中的低频分量包含部分细节信息，删除低频分量可能会导致检索结果出现误差，所以上述检索方法还需进一步优化。

4.5　基于综合特征的图像检索系统设计与实现

4.5.1　基于综合特征的图像检索流程

基于综合特征的文物图像检索流程如下：

（1）在本地图像库中选择一幅检索样图。

（2）读入检索样图和图像库中的所有图像。

（3）设置对应颜色检索、形状检索和纹理检索的权重值。

（4）分别计算三种检索方式的特征向量，再计算图像的综合特征向量。

（5）采用曼哈顿距离进行相似性度量并得到检索结果。

基于综合特征的文物图像检索流程如图 4.21 所示。

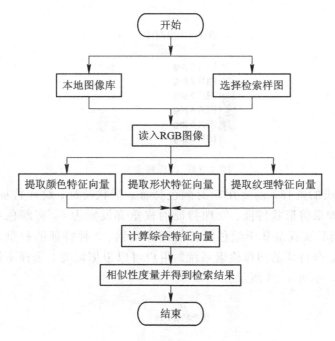

图 4.21　基于综合特征的文物图像检索

软件的可移植性、易维护性、可扩展性、可复用性等特点在软件开发中越来越重要。与传统的软件结构化设计思想相比，面向对象设计思想使复杂的程序开发变得简单而又高效，已成为软件开发的必然趋势。本章采用面向对象技术来设计和完成文物图像检索系统。

在系统中对图像的颜色特征、形状特征、纹理特征的描述及提取算法等进行分析，形成基于综合特征的图像检索系统。系统开发过程中，考虑到系统的可扩展性和可移植性，选用 MATLAB 程序设计语言，在 Windows 2007 操作系统下完成。

4.5.2　系统功能模块及检索结果

基于综合特征的图像检索系统由 5 个功能模块组成：输入模块、查询模块、特征提取模块、匹配模块和图像显示模块。

（1）输入模块。输入模块包括两部分，分别为检索样图的输入和检索方式及其权重的选择。检索样图由用户在界面的下拉框中根据图像的名字选择，这些图像都存储在本地文件夹即已建立的图像库中。通过设置路径并根据字符串匹配的方式，用户可以从本地的文件夹中选择需要的检索样图，如图4.22所示。

图4.22 选择检索样图

检索方式的选择，需要用户对颜色特征、形状特征、纹理特征设置权重，比较灵活。如果将形状特征、纹理特征的权重都设置为0，将颜色特征的权重设置为1，则其实就是基于颜色特征的图像检索。3种特征的权重设置为非零数，即基于综合特征的图像检索系统。用户可以根据需要，选择不同的方式进行图像检索，如图4.23所示。

图4.23 选择检索方式并设置权重

（2）查询模块。查询模块提供了采用颜色特征、形状特征、纹理特征对整个图像进行查询的方式。查询模块的功能是对用户提供查询方式，用户选择符合需求的检索方式进行查询。

（3）特征提取模块。特征提取模块中，通过设置不同检索方式的权重值，系统确定相应的综合特征提取方法，然后以对应的算法对图像进行特征提取。

（4）匹配模块。匹配模块的功能是将检索样图的特征向量与图像库中图像的特征向量按照相似度匹配算法进行对比,确定图像之间在内容上的一致性和相似性,检索出符合需求的图像。系统采用曼哈顿距离度量方式作为相似性的测度。

(5) 图像显示模块。图像显示模块提供了一个友好的可视化界面,如图4.24 所示,其中包括检索样图的显示、检索方式的选择、对应权重的选择、检索结果的显示、图像相关信息的显示等项目。

图 4.24　系统界面

图像的颜色、形状和纹理 3 种特征结合起来即构成图像的综合特征,设 3 种特征的相似性向量分别为 C、S、T,且在检索时分别赋予权重 w_C、w_S 和 w_T,则综合相似性向量 Z 可以表示为 $Z = w_C C + w_S S + w_T T$,利用 Z 作为相似性的判据,即可得到图像相似性检索的结果。

实验中通过分别计算图像的颜色、形状和纹理这 3 个特征向量,由此计算图像的综合特征向量,如图 4.25 和图 4.26 所示为实验检索样图与检索结果。

从上述的检索结果和检索样图比较来看,基于综合特征的图像检索方法取得了较好的检索效果。结合检索样图和检索结果图像的颜色、形状、纹理特征比较,相似度基本接近,说明了上述检索方法的有效性。但是,图 4.25 中,检索结果的第 3 幅相似图像与检索样图的颜色差距很大;图 4.26 中,检索结果的第 2、6 幅相似图像与检索样图的纹理特征相似度较低。因此,上述检索方法还需要完善才能取得更好的检索结果,为文物色彩复原服务。

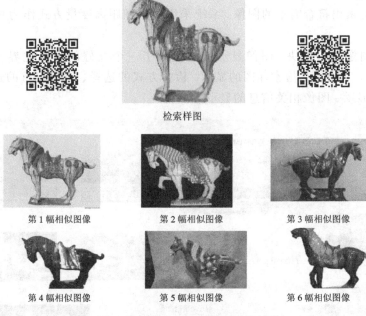

图 4.25　实验检索样图与检索结果

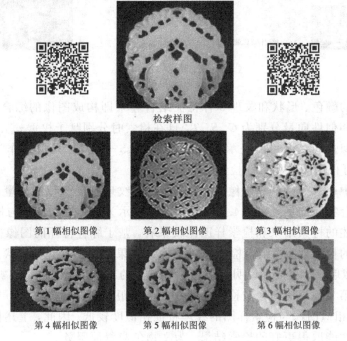

图 4.26　实验检索样图与检索结果

本 章 小 结

　　基于综合特征的文物图像检索系统属于基于内容的图像检索系统，具有以下主要特点：

　　（1）基于内容的图像检索系统是提取预定好的图像特征信息，然后根据图像的特征信息建立索引，利用相似度匹配进行检索。

　　（2）基于内容的图像检索技术是近似匹配的一种技术，不会因为同一场景在一幅图像中为远景而在另一幅图像中为近景而判为不同。

　　（3）对大型图像库能够完成快速检索。对于存储着种类繁多的海量图像数据库，它满足快速检索的要求。

　　本章对文物图像检索系统的框架、原理以及评价做了简要概括，并对系统涉及的图像特征提取和相似性度量方法进行了简要概述；详细介绍了基于颜色特征的图像检索系统，其中包括用 HSV 颜色空间模型来描述图像的颜色，用颜色矩来表示图像的颜色特征，用曼哈顿距离进行相似性度量，最终通过实验数据证明了系统的可行性；具体介绍了基于形状特征的图像检索系统，利用 Canny 算子检测图像边缘，通过形状不变矩描述图像的区域特征，二者相结合完成对图像形状特征的提取；介绍了基于纹理特征的图像检索系统，其中包括图像的预分割以及基于傅里叶描述子对图像提取纹理特征，并通过实验说明了系统的可行性，但实验最终的检索结果有误差，仍需对其进行优化和完善；采用 MATLAB 程序设计语言实现检索系统，实现了检索方式自定义权重和综合特征的图像检索。

参 考 文 献

[1]　IAKOVIDOU C，Anagnostopoulos N，Lux M，et al. Composite description based on Salient Contours and Color information for CBIR tasks[J]. IEEE Transactions on Image Processing，2019，(99)：1 - 10.

[2]　MEHMOOD Z，ABBAS F，MAHMOOD T，et al. Content-Based Image Retrieval Based on Visual Words Fusion Versus Features Fusion of Local and Global Features[J]. Arabian Journal for Science & Engineering，2018(9)：1 - 20.

[3]　LI Y，ZHANG Y，HUANG X，et al. Learning Source-Invariant Deep Hashing Convolutional Neural Networks for Cross-Source Remote Sensing Image Retrieval[J]. IEEE Transactions on Geoscience and Remote Sensing，2018，56(11)：1 - 16.

[4] VARISH N，PAL A K. A novel image retrieval scheme using gray level co-occurrence matrix descriptors of discrete cosine transform based residual image［J］．Applied Intelligence，2018(12)：1 - 24.

[5] SHRIVASTAVA N，TYAGI V. Content based image retrieval based on relative locations of multiple regions of interest using selective regions matching[J]．Information Sciences，2017，259(3)：212 - 224.

[6] 刘颜华.基于图片颜色特征的图像检索方法研究[J].数字技术与应用，2017(1)：60 - 61.

[7] 甘月松.彩色图像检索与识别算法的研究[D].江南大学，2015.

[8] 孙洪飞.基于小波变换的图像特征提取方法研究[D].南京邮电大学，2015.

[9] 常昌.图像特征提取方法研究及应用[D].华中科技大学，2014.

[10] 韦曌，张光锋，娄国伟.基于分水岭和形态学的图像特征提取方法[J].探测与控制学报，2014(1)：63 - 66.

[11] 刘宏，王捷，宋恩民，等.基于加权相似性度量的脑MR图像特定组织分割[J].计算机学报，2014(6)：1241 - 1250.

[12] 周闪.网络图像的相似性研究[D].中国民航大学，2014.

[13] 王克闯.基于内容的图像检索系统的研究与实现[D].西安电子科技大学，2013.

[14] 祝继超.基于形状的图像特征分析与检索技术研究[D].北京邮电大学，2013.

[15] 刘鹏宇.基于内容的图像特征提取算法的研究[D].吉林大学，2004.

第 5 章

基于颜色迁移的色彩复原技术

　　秦兵马俑的表面原是彩绘图案，挖掘时因外界环境变化致使彩绘脱落，例如，1974 年兵马俑二号坑中转瞬即逝的彩绘陶俑；1976 年出现在二号坑的彩绘跪射俑；1998 年在二号坑发现的 8 件彩绘跪射武士俑，有褐色的铠甲、粉红的脸、朱红的甲带；1999 年二号坑跪射俑军阵中发现的绿面俑；2009 年一号坑三次挖掘中 G10 过洞的彩绘武士俑。经分析，导致秦兵马俑彩绘脱落的因素有生漆层老化、山洪灌泡、大火焚烧等。本章利用图像处理中的颜色迁移技术，对褪色文物的色彩复原问题进行研究。

5.1　文物的色彩复原

　　文物数字化工作期望通过可视化及图像处理技术，使例如秦兵马俑表面褪色纹理从"灰头土脸"转换成曾经的鲜活色彩。具体如图 5.1 所示，在褪色图像和彩色参考图像间根据某种颜色关联模型实现色彩复原。

学习颜色分布　　　　　　　色彩复原

图 5.1　褪色文物的色彩复原问题描述

　　在褪色文物色彩复原中，用 M 表示褪色文物的三维几何模型，I_g 表示灰色纹理图像，I_c 代表彩色参考图像，三维特征点为 $P \{P_i \in M\}_{i=1}^n$，二维特征点为 $Q \{Q_i \in I_g\}_{i=1}^n$，褪色文物表面色彩纹理重建包含色彩重建和纹理映射。

（1）褪色纹理图像 $\boldsymbol{I}_g$ 与彩色参考图像 $\boldsymbol{I}_c$ 之间的色彩变换 C 表达为

$$C: \boldsymbol{I}_g \to \hat{\boldsymbol{I}}_{cg} \quad \text{s.t.} \quad x_{I_g} \approx y_{I_c} \tag{5.1}$$

这里的 x_{I_g}、y_{I_c} 分别表示 $\boldsymbol{I}_g$ 与 $\boldsymbol{I}_c$ 的某一具体特征，如邻域标准差、方差等，通过式（5.1），利用 $\boldsymbol{I}_g$ 与 $\boldsymbol{I}_c$ 在某种特征上的关联，将 $\boldsymbol{I}_c$ 的色彩变换给 $\boldsymbol{I}_g$，获得褪色图像色彩复原后的近似彩色图像 $\hat{\boldsymbol{I}}_{cg}$。

（2）三维模型 $\boldsymbol{M}$ 与多角度近似彩色图像 $\hat{\boldsymbol{I}}_{cg}$ 之间的纹理映射 T 表达为

$$T: \hat{\boldsymbol{I}}_{cg} \to \boldsymbol{M} \quad \text{s.t.} \quad T(P_i) \approx Q_i, 1 \leqslant i \leqslant n \tag{5.2}$$

这里的 n 指的是多视角图像个数，配准三维特征点 $\boldsymbol{P}$ 与二维特征点 $\boldsymbol{Q}$，完成近似彩色图像 $\hat{\boldsymbol{I}}_{cg}$ 到几何模型的纹理映射。

5.2　颜色空间的矩阵转换

在数字图像处理中，所有图像都能在颜色空间中表示，颜色空间的表示方法是色彩复原技术重要的理论基础。颜色在计算机中用数字化颜色模型表示，颜色模型给颜色信息的研究提供了理论基础，用于确定各颜色值。计算机色彩理论中的颜色空间主要分为两大类：设备无关，如 lαβ、XYZ 等；设备相关，如 RGB、HSL、HSB、CMYL、LMS 等。其中，lαβ 颜色空间最符合人类视觉感知，且 l、α、β 三颜色通道接近完全独立，即任一通道值改变，对其余通道的影响较小。

颜色空间 RGB 在彩色图像处理中是最基础、最常用的类型，RGB 描述的是生成颜色所需的色彩数量，一幅图像由 M 行、N 列的像素构成，每个像素对应红、绿、蓝 3 个分量的特征值，RGB 图像中共 $M \times N \times 3$ 个分量构成一幅图像。

LMS 颜色空间基于人眼视觉系统的光感器，对光的波长敏感，用长（L）、中（M）、短（S）三通道表示颜色，同样存在三通道的相关性。

研究者利用 LMS 得到 lαβ，lαβ 是通道不相关、近似正交的颜色空间。其理论基础是经正交线性变换将人眼感受的锥状信号分解在三个独立的通道上，方法是随机样本统计加上主成分分析。lαβ 空间将光线波长转换成亮度 l 与两个色度 α（红绿）、β（黄蓝）来描述色彩数据。

RGB 与 lαβ 之间的矩阵转换由以下 4 步完成。

（1）将 RGB 转换到设备无关的 XYZ 颜色空间：

$$\begin{bmatrix} X \\ Y \\ Z \end{bmatrix} = \begin{bmatrix} 0.5141 & 0.3239 & 0.1604 \\ 0.2651 & 0.6702 & 0.0641 \\ 0.0241 & 0.1228 & 0.8444 \end{bmatrix} \begin{bmatrix} R \\ G \\ B \end{bmatrix} \tag{5.3}$$

（2）式(5.3)由 XYZ 空间转换到 LMS 空间：

$$\begin{bmatrix} L \\ M \\ S \end{bmatrix} = \begin{bmatrix} 0.3897 & 0.6890 & -0.0787 \\ -0.2298 & 1.1834 & 0.0464 \\ 0.0000 & 0.0000 & 0.0000 \end{bmatrix} \begin{bmatrix} X \\ Y \\ Z \end{bmatrix} \tag{5.4}$$

（3）RGB 空间到 LMS 空间的转换公式：

$$\begin{bmatrix} L \\ M \\ S \end{bmatrix} = \begin{bmatrix} 0.3811 & 0.5783 & 0.0402 \\ 0.1967 & 0.7244 & 0.0782 \\ 0.0241 & 0.1288 & 0.8444 \end{bmatrix} \begin{bmatrix} R \\ G \\ B \end{bmatrix} \tag{5.5}$$

（4）对数聚敛 LMS 数据点，得到 RGB 空间到 lαβ 空间的转换矩阵：

$$\begin{bmatrix} l \\ \alpha \\ \beta \end{bmatrix} = \begin{bmatrix} \dfrac{1}{\sqrt{3}} & 0 & 0 \\ 0 & \dfrac{1}{\sqrt{6}} & 0 \\ 0 & 0 & \dfrac{1}{\sqrt{2}} \end{bmatrix} \begin{bmatrix} 1 & 1 & 1 \\ 1 & 1 & -2 \\ 1 & -1 & 0 \end{bmatrix} \begin{bmatrix} \log L \\ \log M \\ \log S \end{bmatrix} \tag{5.6}$$

lαβ 空间逆向到 RGB 空间的过程由以下两步完成。

（1）由 lαβ 空间转换到 LMS 空间：

$$\begin{bmatrix} L \\ M \\ S \end{bmatrix} = \begin{bmatrix} 1 & 1 & 1 \\ 1 & 1 & -1 \\ 1 & -2 & 0 \end{bmatrix} \begin{bmatrix} \dfrac{\sqrt{3}}{3} & 0 & 0 \\ 0 & \dfrac{\sqrt{6}}{6} & 0 \\ 0 & 0 & \dfrac{\sqrt{2}}{2} \end{bmatrix} \begin{bmatrix} l \\ \alpha \\ \beta \end{bmatrix} \tag{5.7}$$

（2）LMS 空间转换到 RGB 空间：

$$\begin{bmatrix} R \\ G \\ B \end{bmatrix} = \begin{bmatrix} 4.4679 & -3.5873 & 0.1193 \\ -1.2186 & 2.3809 & -0.1624 \\ 0.0497 & -0.2439 & 1.2045 \end{bmatrix} \begin{bmatrix} 10^L \\ 10^M \\ 10^S \end{bmatrix} \tag{5.8}$$

5.3　颜色迁移算法

颜色迁移是基于彩色图像 C 和待修复的褪色图像 F，通过颜色学习合成新图像 R。R 同时具有图像 F 的形状信息和 C 的颜色信息，如图 5.2 所示。褪色图像 F 在不改变其形状、纹理信息的前提下，学习参考彩色图像 C 的颜色分布；R 继承 F 形状的同时，遗传 C 的颜色。颜色迁移可表示为一种变换，变换通过关系 T 以 R(i, j)＝T(C(i, j)，F(i, j))方式经过计算实现。

 颜色分布学习 ＋ 合成 ＝

图 5.2　颜色迁移

选择合适的颜色空间对于颜色迁移效果有较大的影响。常用的颜色空间 RGB、LMS 各分量间存在相关性，带来的影响是一个分量值的改变，影响其他分量值。而 lαβ 空间各分量近似正交，相关性基本抵消，当改变某一分量时，其余分量受到的影响较小，故选取 lαβ 空间进行颜色迁移。Reinhard 提出的方法和 Welsh 提出的方法是典型的颜色迁移算法。

1. Reinhard 算法

Reinhard 算法适用于彩色图像间的颜色迁移，可实现两幅彩色图像整体颜色迁移。根据 lαβ 空间中 l、α、β 各分量的不相关性，给出颜色迁移算法：

$$\begin{cases} \hat{l}_s = \dfrac{\sigma_{l_c}}{\sigma_{l_s}}[l_s - u_{l_s}] + u_{l_c} \\[2mm] \hat{\alpha}_s = \dfrac{\sigma_{\alpha_c}}{\sigma_{\alpha_s}}[\alpha_s - u_{\alpha_s}] + u_{\alpha_c} \\[2mm] \hat{\beta}_s = \dfrac{\sigma_{\beta_c}}{\sigma_{\beta_s}}[\beta_s - u_{\beta_s}] + u_{\beta_c} \end{cases} \tag{5.9}$$

式中，u_{l_c}、u_{α_c}、u_{β_c} 和 σ_{l_c}、σ_{α_c}、σ_{β_c} 分别表示颜色图像的均值与方差。u_{l_s}、u_{α_s}、u_{β_s} 和 σ_{l_s}、σ_{α_s}、σ_{β_s} 分别表示褪色图像的均值与方差。$\hat{l}_s$、$\hat{\alpha}_s$、$\hat{\beta}_s$ 代表褪色图像颜色分量的估计值。

2. Welsh 算法

Welsh 算法实现灰色图像与彩色图像间的颜色迁移，通过像素亮度值与邻域亮度标准差匹配最佳像素点，具体算法为

$$
\begin{cases}
f = \min\left(l^{\varepsilon}_{s.\,p_i} - \sum_{j=1}^{n} l^{\varepsilon}_{c.\,q_j}\right), 1 \leqslant i \leqslant m \\[2mm]
\hat{\alpha}_s = \alpha_{c.\,f} \\[2mm]
\hat{\beta}_s = \beta_{c.\,f}
\end{cases}
\tag{5.10}
$$

式中，$p \in \mathbf{F}$，$q \in \mathbf{C}$，m 表示 $\mathbf{C}$ 的像素数目，n 表示 $\mathbf{F}$ 的像素数目。$l^{\varepsilon}_{s.\,p_i}$ 代表 $\mathbf{F}$ 中某点 p 的 l 分量邻域特征，$l^{\varepsilon}_{c.\,q_j}$ 是 $\mathbf{C}$ 中某点 q 的 l 分量邻域特征；$l^{\varepsilon}_{s.\,p_i}$ 与 $\mathbf{C}$ 中所有 $l^{\varepsilon}_{c.\,q_j}$ 相比较，找出距离最小的点，取其颜色分量 α、β 的值赋予灰色图像。该方法存在下列缺点：

（1）最佳像素匹配点的遍历查找降低了算法的执行效率；

（2）采用亮度匹配，对亮度、颜色间一致性对应要求较高。

已有的自适应颜色迁移算法，针对典型颜色迁移算法中固定颜色空间转换矩阵进行了改进，利用主元分析的方法，可寻找自适应的颜色空间转换正交基。它与 Reinhard 方法的区别在于由整体颜色基调迁移改进为考虑小区域内颜色的关联性，自适应颜色迁移算法为

$$
\begin{cases}
\hat{l}_s = \left[c_1 \dfrac{\sigma_{l_c}}{\sigma_{l_s}} + c_2 \dfrac{\sigma^{\varepsilon}_{l_c}}{\sigma^{\varepsilon}_{l_s}} \right][l_s - u_{l_s}] + u_{l_c} \\[4mm]
\hat{\alpha}_s = \left[c_1 \dfrac{\sigma_{\alpha_c}}{\sigma_{\alpha_s}} + c_2 \dfrac{\sigma^{\varepsilon}_{\alpha_c}}{\sigma^{\varepsilon}_{\alpha_s}} \right][\alpha_s - u_{\alpha_s}] + u_{\alpha_c} \\[4mm]
\hat{\beta}_s = \left[c_1 \dfrac{\sigma_{\beta_c}}{\sigma_{\beta_s}} + c_2 \dfrac{\sigma^{\varepsilon}_{\beta_c}}{\sigma^{\varepsilon}_{\beta_s}} \right][\beta_s - u_{\beta_s}] + u_{\beta_c}
\end{cases}
\tag{5.11}
$$

式中，c_1、c_2 是非负常数，且 $c_1 + c_2 = 1$。$\hat{\alpha}_s$、$\hat{\beta}_s$ 是形状图像颜色分量的估计值，u_{l_c}、u_{α_c}、u_{β_c} 和 σ_{l_c}、σ_{α_c}、σ_{β_c} 及 $\sigma^{\varepsilon}_{l_c}$、$\sigma^{\varepsilon}_{\alpha_c}$、$\sigma^{\varepsilon}_{\beta_c}$ 分别是颜色图像对应颜色空间分量的均值、整体标准差和局部标准差。u_{l_s}、u_{α_s}、u_{β_s} 和 σ_{l_s}、σ_{α_s}、σ_{β_s} 及 $\sigma^{\varepsilon}_{l_s}$、$\sigma^{\varepsilon}_{\alpha_s}$、$\sigma^{\varepsilon}_{\beta_s}$ 分别是形状图像对应颜色空间分量的均值、整体标准差和局部标准差。

颜色迁移通过科学计算，根据彩色图像 C 在待修复的褪色图像 F 上实现色彩重现，为文物色彩复原提供科学的借鉴。区别于上色处理，直接上色存在真实感效果、人工专家依赖等方面的局限；同时，也不利于推广普及。

5.4　关于独立成分分析

独立成分分析（Independent Component Analysis，ICA）由于针对性强且与

实际联系紧密的特点，在工程应用中取得了一定的成功，如神经仿生学、语音信号处理、图像处理等方面。以上研究含特征提取和模式识别的应用，与纹理图像色彩复原问题有共同之处。本节通过信号发现与图像处理间的共性，研究 ICA 在褪色图像与彩色图像间关联模式上的方法。

5.4.1　ICA 的发展

ICA 的发展可归纳为 3 个阶段：起源、发展和广泛研究。

（1）起源，基于肌肉收缩运动编码模型。此阶段主要是法国的学者在研究，但是影响有限。图 5.3 中，$x_1(t)$、$x_2(t)$ 分别表示两类肌肉收缩的信号，$s_1(t)$、$s_2(t)$ 分别是肌肉运动点的角位置、角速度的度量。在神经网络建模中，$x_1(t)$、$x_2(t)$ 表示相应的输出，$s_1(t)$、$s_2(t)$ 能够按某种规则逆向推出，且 $s_1(t)$、$s_2(t)$ 独立不相关，这就是 ICA 思想的起源。

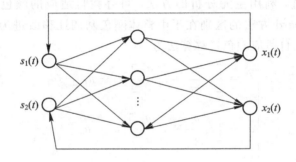

图 5.3　ICA 思想

（2）发展，"鸡尾酒"问题，即在很多人同时讲话且有背景噪声的鸡尾酒会上，实现讲话语音的个体分离。该阶段产生了很多优秀的语音分离算法，也带来了 ICA 算法研究的发展，只是影响依然有限。

（3）广泛研究，伴随工程领域的应用，主要包括图像处理、特征提取、语音处理等应用。ICA 引起了国内外学术界的关注，进一步促进了相应的工程应用，研究主要体现为越来越多的论文集以及举办的研究会。

5.4.2　ICA 介绍

ICA 是多学科交叉数据处理技术，该技术通过大量观测数据进行统计分析，从而实现目标函数的最优估计。它在中间混合参数未知，也就是中间混合模型未知和源信号无法直接观测的情况下，仅根据观测的混合数据对源信号进行复原。

在 ICA 中，假设观测数据由未知的非高斯独立不相关线性或非线性变量组成，目的是找到内在因子，其中的线性混合模式是目前研究最多和较为成熟的数学模型：

$$
\begin{bmatrix}
o_1(1) & \cdots & o_1(t) \\
o_2(1) & \cdots & o_2(t) \\
\vdots & \vdots & \vdots \\
o_n(1) & \cdots & o_n(t)
\end{bmatrix}
=
\begin{bmatrix}
a_{11} & \cdots & a_{1m} \\
a_{21} & \cdots & a_{2m} \\
\vdots & \vdots & \vdots \\
a_{n1} & \cdots & a_{nm}
\end{bmatrix}
\begin{bmatrix}
s_1(1) & \cdots & s_1(t) \\
s_2(1) & \cdots & s_2(t) \\
\vdots & \vdots & \vdots \\
s_m(1) & \cdots & s_m(t)
\end{bmatrix}
\tag{5.12}
$$

这里的 n 表示观测数据的个数，m 代表源信号的数目，t 是采样数。

关于超定矩阵问题，假设观测数据的个数不小于源信号数，即 $n \geqslant m$。通过矩阵分解，把观测数据矩阵 $O(t)$ 分解成混合矩阵 A 及源信号矩阵 $S(t)$ 的线性组合，得到目标 $S(t)$ 的估计。ICA 模型源信号估计过程中有如下假设：① $S(t)$ 是统计独立的平稳随机过程；② $N(t)$ 是与 $S(t)$ 相互统计独立的高斯白噪声；③ 源信号 m 已知，且 $m \leqslant n$；④ A 存在逆矩阵，列满秩。

增加环境中噪声的影响，式 (5.12) 的矩阵表示如下：

$$
O(t) = A \cdot S(t) + N(t) \tag{5.13}
$$

这里的 $O(t) = [o_1(t), o_2(t), \cdots, o_n(t)]^{\mathrm{T}}$ 代表观测向量，$A = [a_1, a_2, \cdots, a_m]$ 指的是混合矩阵，$S(t) = [s_1(t), s_2(t), \cdots, s_m(t)]^{\mathrm{T}}$ 表示源信号向量，$N(t) = [N_1(t), N_2(t), \cdots, N_n(t)]^{\mathrm{T}}$ 为环境中的加性噪声向量。在这些向量中，$O(t)$ 已知，其余均未知。ICA 模型的具体求解在上述假设基础上进行。

5.4.3　ICA 算法

根据矩阵论知识，式 (5.13) 表示的 ICA 模型在假设条件下分解观测数据 $O(t)$，矩阵变形后得到 A^-，用 w 表示，称为解混矩阵，ICA 模型的求解问题见下式：

$$
\mathrm{ICA} = f(w) + 优化 \tag{5.14}
$$

上式可描述为两个过程：

（1）从统计理论、信息理论等出发来确立用解混矩阵或分离矩阵 w 作变量的目标函数 $f(w)$；

（2）寻找最优解 $\tilde{w}$ 的优化算法。

源信号的统计独立特性成为构造目标函数 $f(w)$ 的重要依据，可利用独立性度量的不同方法来构造目标函数。这其中 ICA 典型的算法有：FastICA 算法，即基于信息理论的非高斯不动点迭代算法；基于代数方法的高阶统计量 JADE(Joint Approximate Diagonalization of Eigen-matrices) 算法。观测数据预处理是 FastICA 和 JADE 两类算法的重要步骤，可通过中心化和白化处理消除冗余与噪声。中心化使得观测数据的均值为零，消除了部分噪声点。白化在 ICA 算法中是重要的预处理手段。利用下式中的线性变换 L，可实现随机观测数据 $O(t)$ 的白化：

$$A_L(t) = L * O(t) \tag{5.15}$$

式中，L 即白化矩阵，随机向量 $A_L(t)$ 的协方差矩阵是 $m \times m$ 的单位矩阵。利用白化可消除随机观测数据 $O(t)$ 各分量间的冗余性和相关性。从信息论的角度而言，白化过程是寻找使得随机观测数据 $O(t)$ 投影正交的子空间基。从代数理论的角度而言，白化过程是寻找使得 $O(t)$ 投影正交的投影空间。主成分分析、奇异值分解、特征值分解等是白化处理的主要方法，分解过程如下：

$$\begin{aligned} R_o &= A \cdot R_S \cdot A^H + \sigma^2 \cdot I_n \\ &= U \cdot \begin{bmatrix} \Sigma_S & 0 \\ 0 & 0 \end{bmatrix} \cdot U^H + \sigma^2 \cdot I_n \\ &= \begin{bmatrix} U_S & U_{n-m} \end{bmatrix} \cdot \begin{bmatrix} \Sigma_S + \sigma^2 I_M & 0 \\ 0 & \sigma^2 I_{n-m} \end{bmatrix} \cdot \begin{bmatrix} U_S & U_{n-m} \end{bmatrix}^H \end{aligned} \tag{5.16}$$

式中，R_o 是混合观测信号 $O(t)$ 的协方差矩阵，R_S 表示源信号 A 的协方差矩阵。

　　FastICA 是基于非高斯极大化的简单且直观的 ICA 估计模型，这里暂不考虑噪声项。混合矩阵 A 满足 $A \cdot A^H = I_m$，A^H 代表 A 的共轭转置，假设数据已中心化和白化预处理，根据中心极限定理，独立随机变量和之后的分布接近高斯分布，对于预处理后的数据 $Z(t) = A \cdot S(t)$，如果 A 已知，则得到源信号的估计表达 $\tilde{S}(t) = A^H \cdot Z(t)$，而 A 不能直接获取。通过混合变量 $z_1(t)$，$z_2(t)$，…，$z_m(t)$ 的合适的线性组合，利用 $y(t) = \mu^T \cdot Z(t)$ 表示该组合，μ 为待定的向量，带入 ICA 模型得到

$$y(t) = \mu^T \cdot A \cdot S(t) = b^T \cdot S(t) = \sum_{i=1}^{m} b_i \cdot s_i(t) \tag{5.17}$$

式中，$b^T = \mu^T \cdot A$，假设 $z_1(t)$，$z_2(t)$，…，$z_m(t)$ 统计独立，线性组合的含义是对应 $z_i(t)$，b 中有一个元素为 1，其余为 0，$y(t) = \sum_{i=1}^{m} b_i s_i(t)$ 表示的是 $s_i(t)$ 的序列。根据中心极限定理，高斯分布弱即非高斯性强，由此确定 b。关于 $y(t) = \sum_{i=1}^{m} b_i s_i(t)$ 非高斯性最强的度量方法，FastICA 中有峭度、负熵两种。在基于峭度的 FastICA 中，峭度因计算与理论分析较简单，而被 ICA 和相关领域广泛用作非高斯性的度量，峭度计算式如下：

$$\mathrm{kurt}(y) = E\{(y^4)\} - 3(E\{y^2\})^2 \tag{5.18}$$

采样数据的四阶矩可估算峭度值，对于高斯分布的随机变量，峭度为零。峭度绝对值越大，变量的非高斯性越强，这就是非高斯性度量的依据。通常采用峭度的绝对值或平方作为非高斯性度量的标准，对于随机变量 y_1 和 y_2，有

$$\begin{cases} \mathrm{kurt}(y_1 + y_2) = \mathrm{kurt}(y_1) + \mathrm{kurt}(y_2) \\ \mathrm{kurt}(k \cdot y_1) = k^4 \cdot \mathrm{kurt}(y_1) \end{cases} \tag{5.19}$$

利用梯度算法，基于峭度的目标函数 $\mathrm{Max}(\mathrm{kurt}(\boldsymbol{\mu}^{\mathrm{T}} \cdot \boldsymbol{Z}))$，以迭代的形式寻找峭度的绝对值，从而达到极大。峭度绝对值梯度的计算为

$$\frac{\partial \left| \mathrm{kurt}(\boldsymbol{\mu}^{\mathrm{T}} \cdot \boldsymbol{Z}) \right|}{\partial \boldsymbol{\mu}} = 4\mathrm{sign}(\mathrm{kurt}(\boldsymbol{\mu}^{\mathrm{T}} \cdot \boldsymbol{Z}))\left[E\{ \boldsymbol{Z} (\boldsymbol{\mu}^{\mathrm{T}} \cdot \boldsymbol{Z})^3 - 3\boldsymbol{\mu} \cdot \parallel \boldsymbol{\mu} \parallel^2 \} \right] \tag{5.20}$$

这里的 sign 表示符号算子，梯度方向确定后，得到 $\boldsymbol{\mu}$ 的估计，表示源信号的估计式。这一过程存在收敛速度慢、依赖初值的缺点，为改善这一缺点，引入 FastICA，即不动点迭代算法。梯度算法在稳定处指向 $\boldsymbol{\mu}$ 方向。关于 $\boldsymbol{\mu}$ 的迭代算法，计算如下：

$$\boldsymbol{\mu} \leftarrow E\{ \boldsymbol{Z} (\boldsymbol{\mu}^{\mathrm{T}} \cdot \boldsymbol{Z})^3 \} - 3\boldsymbol{\mu} \tag{5.21}$$

基于不动点迭代的 FastICA 算法通过如下 5 个步骤完成：

(1) 观测数据的预处理，包括中心化、白化，白化后数据即为 $\boldsymbol{Z}(t)$。

(2) 选择随机非零向量 $\boldsymbol{\mu}$ 作为迭代初始量，并做归一化处理 $\dfrac{\boldsymbol{\mu}}{\parallel \boldsymbol{\mu} \parallel}$。

(3) 迭代更新 $\boldsymbol{\mu} \leftarrow E\{ \boldsymbol{Z} (\boldsymbol{\mu}^{\mathrm{T}} \cdot \boldsymbol{Z})^3 \} - 3\boldsymbol{\mu}$。

(4) 单位化 $\boldsymbol{\mu} \leftarrow \dfrac{\boldsymbol{\mu}}{\parallel \boldsymbol{\mu} \parallel}$。

(5) 迭代循环直至收敛。

基于峭度的非高斯性度量存在野值敏感的缺点，所以有必要寻找其他非高斯性度量方法。这里引入基于负熵的 FastICA。熵是对离散取值的随机变量，微分熵将其推广到连续随机变量，从微分熵中得到负熵，高斯变量的负熵为零。定义为

$$\begin{cases} H(x) = -\sum_i P(x = a_i)\log P(x = a_i) \\ H(x) = -\int P(x)\log P(x)\mathrm{d}x \\ J(x) = H(x_{\mathrm{gauss}}) - H(x) \end{cases} \tag{5.22}$$

这里的 P 是向量的取值概率，负熵可作为非高斯性的度量。实际中为了避免负熵的复杂计算而用其近似作代替，经典方法有高阶累积量、非二次函数期望法及密度多项式展开法，常用近似函数的两种表示形式为

$$\begin{cases} G_1(y) = \mathrm{logcosh}(y) \\ G_2(y) = -\exp\left(-\dfrac{y^2}{2}\right) \end{cases} \tag{5.23}$$

利用负熵的近似函数 $G(y)$ 及其倒数 $g(y)$，得到关于负熵 FastICA 算法的迭代过程：

$$\boldsymbol{\mu} \leftarrow E\{\boldsymbol{Z} \cdot g(\boldsymbol{\mu}^{\mathrm{T}} \cdot \boldsymbol{Z})\} - E\{g'(\boldsymbol{\mu}^{\mathrm{T}} \cdot \boldsymbol{Z})\}\boldsymbol{\mu} \tag{5.24}$$

$g(y)$ 对应的形式分别有式(5.23)的倒数和峭度方法：

$$\begin{cases} g_1(x) = \tanh(y) \\ g_2(x) = y \cdot \exp\left(-\dfrac{y^2}{2}\right) \\ g_3(x) = y^3 \end{cases} \tag{5.25}$$

基于负熵的 FastICA 算法通过 5 个步骤予以实现：

(1) 观测数据的预处理，包含中心化、白化，白化后数据即为 $\boldsymbol{Z}(t)$。

(2) 选择随机非零向量 $\boldsymbol{\mu}$ 为迭代初始量，归一化处理 $\dfrac{\boldsymbol{\mu}}{\|\boldsymbol{\mu}\|}$。

(3) 迭代更新 $\boldsymbol{\mu} \leftarrow E\{\boldsymbol{Z} \cdot g(\boldsymbol{\mu}^{\mathrm{T}} \cdot \boldsymbol{Z})\} - E\{g'(\boldsymbol{\mu}^{\mathrm{T}} \cdot \boldsymbol{Z})\}\boldsymbol{\mu}$。

(4) 单位化 $\boldsymbol{\mu} \leftarrow \dfrac{\boldsymbol{\mu}}{\|\boldsymbol{\mu}\|}$。

(5) 迭代循环直至收敛。

通过上述过程对观测信号的独立成分进行估算，直至实现独立成分分离。

JADE 算法在矩阵的联合近似对角化基础上，利用代数方法构造具有已知结构的特征(高阶累积量/时延协方差等)矩阵，以联合近似对角化的方法获得混合矩阵的估计。由构造函数的不同将 JADE 分为三类，即子空间拟合法、Frobenius 范数法和正定法。Frobenius 由于自然而直观的代价函数已获得较多的应用，通过下式可计算相应的代价函数非零矩阵的最小值：

$$J(\boldsymbol{V}) = \sum_{k=1}^{K} \mathrm{off}(\boldsymbol{V} \cdot \boldsymbol{C}_k \cdot \boldsymbol{V}^{\mathrm{H}}) \tag{5.26}$$

式中，括号内矩阵 $\boldsymbol{C}_k$ 非对角线元素的 Frobenius 范数由 off() 表示，$\boldsymbol{V}$ 为对角化矩阵。根据源信号的不同特性以及 JADE 代价函数的不同构造原理，JADE 算法有下述 3 种类型：

(1) 非高斯性。根据中心极限原理推出的统计独立特性，在高阶累积量基础上，利用 FOBI、JADE 等典型算法构造特征矩阵。

(2) 非平稳性。假设非平稳的源信号在短时间内是平稳的，将观测数据分块构造成不同的特征矩阵，典型算法有 SONS 等。

（3）谱非均匀性。允许源信号时间相关，要求频谱特征不能完全相同。利用二阶统计量估计混合矩阵，典型算法有 SOBI、AMUSE 等。

为了避免混合矩阵估计的困难，以源信号统计特征作为前提构造特征矩阵。以相互统计独立的源信号为例，JADE 算法由以下 4 步完成：

（1）观测数据预处理，即中心化、白化，白化后数据即为 $\boldsymbol{Z}(t)$。

（2）构造高阶统计量矩阵，通过式（5.27）实现四阶累积量函数计算，对预处理后的数据 $\boldsymbol{Z}(t)$ 构造高阶累积量矩阵，见式（5.28）：

$$\mathrm{cum}(x_i, x_k^*, x_l, x_m^*) = E\{x_i x_k^* x_l x_m^*\} - E\{x_i x_k^*\}E\{x_l x_m^*\} -$$
$$E\{x_i x_l\}E\{x_k^* x_l\} - E\{x_i x_m^*\}E\{x_k^* x_l\} \tag{5.27}$$

$$F_{kl}(i, j) = \mathrm{cum}(z_k, z_l^*, z_i, z_j^*), \ 1 \leqslant k \leqslant m \tag{5.28}$$

（3）构造 $m \times (m+1)/2$ 个 F_{kl}。

（4）F_{ii} 非对角线元素旋转后得到联合对角化器，即混合矩阵的估计。

5.4.4　ICA 的应用领域

图像处理、人脸识别、语音信号处理、特征提取等方面都有 ICA 的应用，这里分别进行介绍。首先是图像去噪与图像分离，基于 ICA 分解，为自然图像寻找合适的 ICA 过滤器，加入高斯噪声的图像经 ICA 过滤后大部分噪声被去除。通过 FastICA 算法实现了 3 幅混合图像的成功分离，并且计算量小。其次是人脸识别，主成分分析和本征脸是其常用方法，该应用是图形学中一项重要且活跃的研究领域。ICA 把人脸图像序列作为随机观测数据 $\boldsymbol{O}$ $\{o_1, o_2, \cdots, o_m\}$，假设 $\boldsymbol{O}$ 是 $s_1, s_2, \cdots, s_n$ 这 n 个未知独立成分的线性组合，利用矩阵法表示 ICA 模型为 $\boldsymbol{O} = \boldsymbol{A} \cdot \boldsymbol{S}$。ICA 较 PCA 在人脸识别上的优点，表现在 ICA 的高阶统计量去相关性较 PCA 的二阶统计量去相关性强，同时 ICA 基向量的局部化更能体现人脸的局部特征，识别精度较高。在语音信号处理中，"鸡尾酒会"是 ICA 的经典应用，即在 m 个不同的人类混合声音中找到需要的某个声音，其余声音视为噪声。m 个不同声音即独立信号源，在未知的混合过程中，获取观测数据，利用盲源信号估计方法分离源信号，ICA 成为其中的典型方法。

在其他应用方面，有分离脑磁图（Magneto Encephalo Graphy，MEG）中的体征信号以及金融数据中的驱动因素。MEG 信号反映脑的磁场变化，通过特殊仪器观测，是诊断脑部疾病的一种科学手段。由于非自然信号（如眨眼、肌肉运动、心脏跳动等）会对脑活动信号产生比较大的干扰，若能从 MEG 中分离出这些信号，将对医学研究人员提取神经元特征很有帮助。在假设脑活动和非自然信号统计独立前提下，ICA 分离方法能很好地分离出 MEG 中的眨眼、心脏跳动等信号，为脑功能的直接访问提供可能。在金融数据的驱动因素分离中，ICA 还被用在了商店现金流的影响因素分析方面，即利用 ICA 对现金流量进行信号分离，得到影响因素及其权重。

5.5　文物色彩复原中 ICA 技术的应用

褪色文物表面的纹理颜色已基本失去，接近灰色图像。Welsh 等人提出的颜色迁移，即灰色图像彩色化算法，有助于解决该类问题。同时 Ruderman 等人提出的 lαβ 颜色空间也是颜色迁移实施的理论支撑。图像用矩阵表示，i 行 j 列的像素值对应矩阵 i 行 j 列的元素值，一个分量对应一个矩阵。灰色图像在 lαβ 空间中仅存在 l 分量的数据，图像的颜色空间矩阵表示为

$$I = \mathrm{RGB}(I_R + I_G + I_B) = \mathrm{l\alpha\beta}(I_l + I_\alpha + I_\beta) \tag{5.29}$$

颜色迁移算法通过图像在 lαβ 空间中 I_l 亮度分量矩阵元素的相关性比较，也就是灰度特征最接近的亮度值距离法，获得灰色图像与彩色图像 I_l 分量相关性最大的一对元素 $\{(i, j), (p, q)\}$，其颜色通道值最接近，将彩色图像像素 (p, q) 在 I_α、I_β 中的值赋给对应的灰色图像像素 (i, j) 的 I_α、I_β 矩阵元素，完成彩色图像 α、β 颜色通道向灰色图像颜色通道 α、β 的颜色传递。这体现了颜色迁移的核心过程，全部像素点的颜色迁移完成后，lαβ 空间转换回 RGB 空间，此时褪色的灰色图像已学习了彩色图像的颜色信息，实现了色彩复原而显示颜色特征。

Welsh 颜色迁移的关键是相关性比较，即灰度特征的提取形式。直接方法是对灰色图像亮度矩阵中某元素与彩色图像亮度矩阵中所有元素进行逐一比较，找出相差最小的像素对，即相关性最大的对应元素。如果褪色图像的灰度分布较平坦（如图 5.4 所示），此时的直接比较法不易得出结果。引入灰度的邻域特征法，能够解决部分灰度分布平坦的问题，但对于灰度分布平坦严重且色彩类别对比不明显的图像，如褪色的兵马俑、甘肃红陶、瓦当等，仍会有错误匹配存在。

针对这一问题，本节介绍基于 ICA 技术的改进颜色迁移方法。通过 ICA 技术，对灰度分布平坦的褪色文物纹理图像完成独立成分分析，从而降低对应的一致性要求，提高色彩查找的匹配率。在像素灰度匹配查找过程中，对基于亮度值距离和邻域标准差的混合距离匹配方法进行介绍。

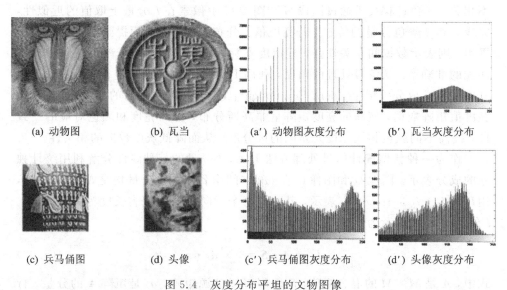

(a) 动物图　　　　(b) 瓦当　　　　(a′) 动物图灰度分布　　　(b′) 瓦当灰度分布

(c) 兵马俑图　　　(d) 头像　　　　(c′) 兵马俑图灰度分布　　(d′) 头像灰度分布

图 5.4　灰度分布平坦的文物图像

5.5.1　ICA 颜色迁移

在颜色迁移中，通过亮度距离比较彩色图像和灰色纹理图像的匹配点，将彩色图像颜色通道的颜色信息传递到灰色图像对应颜色通道，能够应用于古建筑彩绘图案修复、褪色照片修复、医学图像上色等，其研究现状以经典颜色迁移方法、机器学习方法、统计学方法为代表。经典颜色迁移技术的代表是 Reinhard 算法与 Welsh 算法，Reinhard 算法能很好地实现彩色图像之间的色彩传递，但是在灰度图像的色彩传递上则存在问题，由于 lαβ 颜色空间中所有像素点的 α、β 值相同，彩色图像与灰色图像在这两个颜色通道的颜色匹配信息不易找到，致使颜色迁移无法进行；Welsh 算法通过匹配像素以传递颜色通道信息，但是亮度距离的匹配方法对颜色与亮度的一致性要求较高，会产生相同亮度和不同颜色像素间的错误匹配。

利用像素的亮度值进行匹配，会出现不同颜色、相同亮度像素间的错误匹配，降低颜色迁移质量。针对 Welsh 算法对亮度、颜色间一致性对应要求较高的特点，这里介绍基于 ICA 的颜色迁移方法，目的是提高 Welsh 算法亮度匹配的准确率，从而降低不同颜色、相同亮度像素间的错误匹配。假设图像 G 为褪色待复原的灰色纹理图像，称作源图像。图像 C 为参考彩色纹理图像集选定的彩色参考图像，称作目标图像。将图像 P 表示在 lαβ 空间：$P = l + α + β$。这里的 l 表示亮度值、α 是黄蓝相关颜色值、β 是红绿相关颜色值，各分量间相互独立不相关。颜色迁移技术通过图像 G 和图像 C 中像素在 l 分量上取值的近似性，完成 α 和 β 颜色分量的传递。若亮度值 l 分布平缓，即前面提到的灰度分布较平坦，则表示数据间相关性强，近似度不易区分，从而会降低颜色迁移中像素匹配的准确率。从信号处理的角度，利用 ICA 技术对 l 分量进行分析，估计出其中的独立成分(Independent Component, IC)。利用估计出的各 IC 分量重构亮度值矩阵数据，使新的亮度矩阵呈非高斯分布，提高亮度和颜色对应的一致性，提高不同颜色相同亮度元素间的区分度，从而降低灰度数据的相关性。

作为一种新型统计信号处理方法 ICA，l 分量的某种线性分解利用统计独立的成分表示。图像 G 和图像 C 在 $l\alpha\beta$ 空间中各自的 l 分量均是 $M \times N$ 矩阵，用 $\boldsymbol{I}_l = [i_{l1}, i_{l2}, \cdots, i_{lM}]^{\mathrm{T}}$ 表示，其中的每个行向量 $\boldsymbol{i}_{li}$ 都代表长度为 N 的样本。l 分量的 ICA 表示为

$$\boldsymbol{I}_l = \boldsymbol{A} \cdot \boldsymbol{S} = \sum_{i=1}^{M} a_i \cdot s_i \tag{5.30}$$

式中，$\boldsymbol{A}$ 是 $M \times M$ 的混合矩阵，$\boldsymbol{S}$ 是 $M \times N$ 的源矩阵，a_i 是矩阵 $\boldsymbol{A}$ 的分量。行分量 s_i 表示无法直接从混合信号 I_{li} 中观测到的隐含源信号。ICA 的假设前提是合成 I_{li} 的各成分有统计独立和非高斯分布的特点，在 $\boldsymbol{A}$ 可逆的情况下，利用其逆矩阵和混合信号 I_{li} 估计出源信号 s_i 的近似值 y_i，具体为

$$Y = \sum_{i=1}^{M} y_i = \boldsymbol{W} \cdot \boldsymbol{I}_l \tag{5.31}$$

式中，$\boldsymbol{W} = (\boldsymbol{A})^{-1}$，表示估算源信号矩阵 $\boldsymbol{S}$ 的逆混合矩阵，y_i 在统计意义下相互独立，称作 IC。通过 IC 的独立性度量作为逆混合矩阵 $\boldsymbol{W}$ 的求解目标函数，ICA 估计被归结为最优化的求解。ICA 估计的方法主要有互信息的最小化、非高斯的最大化和最大似然函数估计。FastICA 用非高斯的最大化估计 ICA 模型，且已被广泛应用，目标函数以负熵最大的形式表示。当非高斯性度量即负熵达到最大时，代表各分量间相互独立。负熵的具体计算为

$$\boldsymbol{N}_g(Y) = \boldsymbol{H}(Y_{\mathrm{Gauss}}) - \boldsymbol{H}(Y) \tag{5.32}$$

式中，Y_{Gauss} 代表与 Y 有相同方差的高斯随机变量，$\boldsymbol{H}(\cdot)$ 表示随机变量的微分熵。微分熵具体为

$$\boldsymbol{H}(Y) = -\int p_Y(\zeta) \lg p_Y(\zeta) \mathrm{d}\zeta \tag{5.33}$$

假设 Y 具有高斯分布，根据中心极限定理有 $\boldsymbol{N}_g(Y) = 0$。Y 的非高斯性越强，则其微分熵越小，相应的 $\boldsymbol{N}_g(Y)$ 值越大。所以 $\boldsymbol{N}_g(Y)$ 可用来作为随机变量 Y 的非高斯性测度，值越大，非高斯性越强。负熵的计算困难，所以通常采用下式近似计算：

$$N_g(Y) = \{E[g(Y)] - E[g(Y_{\text{Gauss}})]\}^2 \tag{5.34}$$

式中，$g(Y)$ 可取 $\tanh(Y)$、$\exp(-Y^2/2)$ 或 Y^3 等非线性函数。

通过 FastICA 求得 $M \times M$ 的逆混合矩阵 W 后，利用式（5.31）可得近似估计的 M 组 IC。亮度值 l 分量由 M 组 IC 分量 y_i 重构，M 组 IC 重构混合信号的计算为

$$\hat{I}_l = \sum_{i=1}^{M} a_i y_i \tag{5.35}$$

式中，$\hat{I}_l = [\hat{i}_{l1}, \hat{i}_{l2}, \cdots, \hat{i}_{lk}, \hat{i}_{lM}]^{\mathrm{T}}$ 表示重构的 $M \times N$ 亮度值 l 分量矩阵，$\hat{i}_{li}$ 代表重构行向量；$A = (W)^{-1}$，a_i 为混合矩阵 A 的第 i 列。FastICA 算法结合式（5.30）、式（5.31）和式（5.35），图像 l 分量的矩阵经过分解重构，得到相关性低的非高斯亮度矩阵，作为后续灰度像素匹配查找的数据基。

ICA 颜色迁移方法的步骤如下：

（1）为灰色纹理图像 G 选择彩色参考图像 C。

（2）对图像 G 与图像 C 做 RGB 到 $l\alpha\beta$ 的颜色空间转换，得到图像 G'、图像 C'。

（3）对图像 G' 和图像 C' 实施 ICA 处理。

（4）确定像素间的匹配原则，为图像 G 搜索图像 C 中匹配的像素，进行相应颜色通道数据的传递。

（5）转换回 RGB 空间。参考彩色图像与褪色纹理图像间的像素匹配原则，依赖灰度特征的表示和提取，包括亮度值、邻域特征值、灰度共生矩阵、频谱特征等。以下是用到的相关转换矩阵：

$$\begin{bmatrix} L \\ M \\ S \end{bmatrix} = \begin{bmatrix} 0.3811 & 0.5783 & 0.0402 \\ 0.1967 & 0.7244 & 0.0782 \\ 0.0241 & 0.1288 & 0.8444 \end{bmatrix} \begin{bmatrix} R \\ G \\ B \end{bmatrix}$$

$$\begin{bmatrix} l \\ \alpha \\ \beta \end{bmatrix} = \begin{bmatrix} \dfrac{1}{\sqrt{3}} & 0 & 0 \\ 0 & \dfrac{1}{\sqrt{6}} & 0 \\ 0 & 0 & \dfrac{1}{\sqrt{2}} \end{bmatrix} \begin{bmatrix} 1 & 1 & 1 \\ 1 & 1 & -2 \\ 1 & -1 & 0 \end{bmatrix} \begin{bmatrix} \log L \\ \log M \\ \log S \end{bmatrix}$$

$$\begin{bmatrix} L \\ M \\ S \end{bmatrix} = \begin{bmatrix} 1 & 1 & 1 \\ 1 & 1 & -1 \\ 1 & -2 & 0 \end{bmatrix} \begin{bmatrix} \dfrac{\sqrt{3}}{3} & 0 & 0 \\ 0 & \dfrac{\sqrt{6}}{6} & 0 \\ 0 & 0 & \dfrac{\sqrt{2}}{2} \end{bmatrix} \begin{bmatrix} l \\ \alpha \\ \beta \end{bmatrix}$$

$$\begin{bmatrix} R \\ G \\ B \end{bmatrix} = \begin{bmatrix} 4.4679 & -3.5873 & 0.1193 \\ -1.2186 & 2.3809 & -0.1624 \\ 0.0497 & -0.2439 & 1.2045 \end{bmatrix} \begin{bmatrix} 10^L \\ 10^M \\ 10^S \end{bmatrix}$$

5.5.2 褪色纹理特征提取方法

从图 5.4 可看出，对于褪色的纹理图像，存在灰度分布平坦的问题，这给色彩复原中匹配像素的查找带来了困难。虽然 ICA 方法能够以独立成分重构查找数据基的方式改善这一状况，但还是希望在灰度特征提取方法上寻求新的方式，以期更进一步地解决这一问题和更好地服务褪色文物图像的色彩复原。这里主要对纹理灰度相关性的描述方法进行研讨分析，即灰度特征的相关提取方法。

灰度分布与色彩分布的组合在空间位置上不断出现，从而形成颜色纹理。颜色纹理使图像空间上相隔一定距离的两像素在灰度上存在某种关联，即图像中灰度的空间相关特性。纹理区分最直接的方式是通过像素的灰度值进行比较，即前面提到的亮度距离法。但对于灰度分布平坦图像则存在错误匹配，描述纹理灰度相关特性采用的方法主要包括：

（1）邻域特征值；

（2）灰度共生矩阵；

（3）频谱特征。

通常引入邻域特征寻找像素间的颜色关联，从而发现局部邻域内的灰度相关性。一般是取大小为 5 的邻域矩阵，常用的邻域特征有矩阵特征值和矩阵方差，分别通过判断像素邻域矩阵的相似性和邻域元素的偏离程度以确定像素灰度的相关性。矩阵特征值的数学表达式见式(5.36)，在图像分割、图像融合、配准、识别等领域被应用：

$$|\lambda \cdot \boldsymbol{E} - \boldsymbol{A}| = 0 \tag{5.36}$$

灰度共生矩阵(Gray-Level Co-occurrence Matrix from an image，GLCM)法通过对灰度图像的某种计算而获得灰度共生矩阵，利用灰度共生矩阵的部分特征值表示图像，如方向、相邻间隔、变化幅度等纹理特征。灰度共生矩阵也是分析图像排列规则及局部模式的基础。

在图像中任意一点$(x，y)$及偏离它的一点$(x+a，y+b)$（其中 a，b 为整数）构成点对。设该点对的灰度值为$(f_1，f_2)$，假设图像的最大灰度级为 L，则 f_1 与 f_2 的组合共有 $L \times L$ 种。对于整幅图像，统计每一种$(f_1，f_2)$值出现的次数，然后进行排列，再用$(f_1，f_2)$出现的总次数将其归一化为出现的概率，由此产生灰度共生矩阵。

灰度共生矩阵有方向、偏移量和阶数的概念，方向指明遍历图像矩阵的移动方式，偏移量确定一次移动的距离，阶数明确灰度共生矩阵的规模。计算过程一般分为几个不同的方向，通常有 $0°$、$45°$、$90°$、$135°$；偏移量经常取 1；灰度共生矩阵的阶数与图像中灰度值的级数相一致，当灰度图像中灰度值的级数是 K 时，灰度共生矩阵为 $K \times K$ 的矩阵。灰度共生矩阵的特征有角二阶矩、熵、反差分等。它常用在纹理特征提取、运动目标跟踪、图像分类、纹理瑕疵检测、边缘检测等方面。对于每一幅图像，根据其纹理从局部到整体的分布，制定不同的偏移量，会生成相应的灰度共生矩阵。通过对灰度共生矩阵特点的分析，有助于确定颜色纹理的相似性。

图像的频谱特征是将纹理利用傅里叶频谱来描述，原因是全局纹理模式在空域中不易被检测出，从而通过转换到频率域来降低分辨难度。频谱在实际应用中用函数 $S(r, \theta)$ 表示，即转换到极坐标系中，用频率和方向表示，即变量 r 和 θ。求解时转化成一元函数，具体转化办法是固定二元函数中的一个变量，如对每一个方向 θ，可以把 $S(r, \theta)$ 看成一个一元函数 $S_\theta(r)$，于是得到频谱从原点出发的某个频率方向上的纹理特征。对每一个频率 r，可看成一元函数 $S_r(\theta)$，得到频谱以原点为中心的圆上的行为特征。最后，两个相应一元函数的集合即区域纹理的全局描述为

$$\begin{cases} S(r) = \sum_{\theta=0}^{\pi} S_\theta(r) \\ S(\theta) = \sum_{r=0}^{R_0} S_r(\theta) \end{cases} \tag{5.37}$$

式中，R_0 是以原点为中心的圆半径，对于 $(S(r), S(\theta))$，(r, θ) 取极坐标内的每一对值，纹理频谱的描述由此构成。对于每一幅图像，经过傅里叶变换到频域，有利于检测出空域中不易被检测出的纹理模式，从而服务于色彩复原中的相似度匹配。

5.5.3 混合色彩距离

本节在讨论灰度特征的提取方法基础上，结合纹理分布的局部特点即邻域特征，介绍基于亮度距离与邻域标准差的色彩距离匹配函数，也就是改进的相似度（距离）标准；具体是利用像素亮度值和邻域标准差的组合共同度量图像 G 与图像 C 的色彩距离，使其作为灰色图像匹配的目标度量函数。邻域亮度标准差的计算为

$$n_{\text{std}_{ij}} = \sqrt{\frac{1}{n^2} \sum_{q=1}^{n^2} \left(g_q - \frac{1}{n^2} \sum_{q=1}^{n^2} g_q \right)^2} \tag{5.38}$$

式中，n 通常取 5，n^2 表示 5×5 邻域矩阵的元素数目，$n_{\text{std}_{ij}}$ 是点 g_{ij} 处的 5×5 邻域矩阵标准差，$\frac{1}{n^2} \sum_{q=1}^{n^2} g_q$ 为邻域的平均值。邻域亮度标准差可以用来反映各元素的离散程度，度量邻域亮度平均值的分散程度。值越小，色彩变化越小，表示亮度接近其平均值，元素间差距较小，灰度分布较为平坦；值越大，色彩变化越大，表示亮度与邻域平均值的差异较大，元素间差距较大，灰度分布有一定程度的浮动。从某种意义上讲，邻域亮度标准差体现的是某一点与其邻域内像素间的灰度相关程度，借助这种相关程度来体现褪色图像与参考彩色图像间的色彩匹配程度。

将亮度值距离与邻域标准差相组合，得到新的色彩距离度量函数：

$$m_{\text{dis}} = \frac{(g_{ij} - c_{i'j'}) + (n_{\text{std}\_g_{ij}} - n_{\text{std}\_c_{i'j'}})}{2} \tag{5.39}$$

式中，$1 \leqslant i \leqslant M$，$1 \leqslant j \leqslant N$，表示像素点的范围，即一幅图像。$n_{\text{std}\_g_{ij}}$ 代表的是源图像 g_{ij} 处的邻域标准差，$n_{\text{std}\_c_{i'j'}}$ 代表的是目标图像 $c_{i'j'}$ 处的邻域标准差，$g_{ij} - c_{i'j'}$ 表示源图像和目标图像的亮度距离，两者之和取平均组成色彩距离，匹配的准则是 $\min m_{\text{dis}}$。m_{dis} 越小，表示源图像与目标图像间的色彩距离越小，认为色彩越接近；m_{dis} 越大，表示源图像与目标图像间的色彩距离越大，认为色彩差异越大。将式(5.38)带入式(5.39)后合并，得到基于亮度距离与邻域标准差的色彩距离匹配函数：

$$H_{\text{m\_d}} = \min \frac{n^3(g_{ij} - c_{i'j'}) + \left(\sqrt{\sum_{q=1}^{n^2} \left(n^2 \cdot g_q - \sum_{q=1}^{n^2} g_q \right)^2} - \sqrt{\sum_{q=1}^{n^2} \left(n^2 \cdot c_q - \sum_{q=1}^{n^2} c_q \right)^2} \right)}{2n^3}$$
$$1 \leqslant i \leqslant M, 1 \leqslant j \leqslant N \tag{5.40}$$

基于 ICA 与式(5.40)的混合色彩距离算法流程如下：

(1) 为灰色纹理图像 G 选择彩色参考图像 C；

(2) 对图像 G 与图像 C 做 RGB 到 l$\alpha\beta$ 的颜色空间转换，得到图像 G'、C'；

(3) 对图像 G' 和图像 C' 实施 ICA 处理；

(4) 利用式(5.40)为图像 G 搜索图像 C 中匹配的像素，进行相应颜色通道数据的传递；

(5) 转换回 RGB 空间。

以下是用到的相关转换矩阵：

$$\begin{bmatrix} L \\ M \\ S \end{bmatrix} = \begin{bmatrix} 0.3811 & 0.5783 & 0.0402 \\ 0.1967 & 0.7244 & 0.0782 \\ 0.0241 & 0.1288 & 0.8444 \end{bmatrix} \begin{bmatrix} R \\ G \\ B \end{bmatrix}$$

$$\begin{bmatrix} l \\ \alpha \\ \beta \end{bmatrix} = \begin{bmatrix} \dfrac{1}{\sqrt{3}} & 0 & 0 \\ 0 & \dfrac{1}{\sqrt{6}} & 0 \\ 0 & 0 & \dfrac{1}{\sqrt{2}} \end{bmatrix} \begin{bmatrix} 1 & 1 & 1 \\ 1 & 1 & -2 \\ 1 & -1 & 0 \end{bmatrix} \begin{bmatrix} \log L \\ \log M \\ \log S \end{bmatrix}$$

$$\begin{bmatrix} L \\ M \\ S \end{bmatrix} = \begin{bmatrix} 1 & 1 & 1 \\ 1 & 1 & -1 \\ 1 & -2 & 0 \end{bmatrix} \begin{bmatrix} \dfrac{\sqrt{3}}{3} & 0 & 0 \\ 0 & \dfrac{\sqrt{6}}{6} & 0 \\ 0 & 0 & \dfrac{\sqrt{2}}{2} \end{bmatrix} \begin{bmatrix} l \\ \alpha \\ \beta \end{bmatrix}$$

$$\begin{bmatrix} R \\ G \\ B \end{bmatrix} = \begin{bmatrix} 4.4679 & -3.5873 & 0.1193 \\ -1.2186 & 2.3809 & -0.1624 \\ 0.0497 & -0.2439 & 1.2045 \end{bmatrix} \begin{bmatrix} 10^{L} \\ 10^{M} \\ 10^{S} \end{bmatrix}$$

5.6　支持向量机在文物色彩复原中的应用

上一节讨论了褪色纹理图像灰度分布平坦的色彩复原问题，所提出的基于 ICA、亮度距离与邻域特征值的混合色彩距离方法能够在一定程度上解决灰度分布平坦图像的色彩复原问题，但是 ICA 的计算过程比较复杂，计算开销较大。因此有必要对问题进一步认识。这里从回归预测的角度，利用 SVM（支持向量机）技术来研究色彩复原问题，在不影响褪色文物图像色彩复原效果的前提下，降低计算量。

1. 回归预测问题及模型

"回归"一词由达尔文的表兄弟 Francis Galton 发明，Galton 于 1877 年完成了第一次回归预测，目的是根据上一代豌豆种子（双亲）的尺寸来预测下一代豌豆种子（孩子）的尺寸。Galton 在大量对象上应用了回归分析，甚至包括人的身高预测。如果双亲的身高比他们所处这一代的平均身高高，则子女也倾向于比平均身高高。回归分析预测法是指依据相关性原则，寻找制约预测目标的各影响因素，利用数学方法找到诸因素与预测目标间的近似函数表达关系；然后，通过样本数据对模型参数进行估计并进行误差检验，模型确定后，利用模型并根据因素的变化值作预测，如图 5.5 所示。

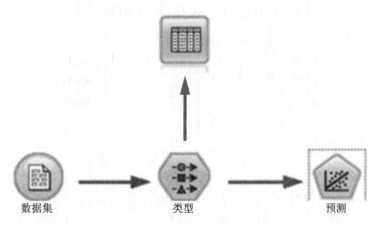

图 5.5 回归分析预测模型

关于回归分析预测法的分类，根据相关关系中自变量的数目，可分为一元回归分析和多元回归分析；根据自变量、因变量间的相关关系，可分为线性回归分析、非线性回归分析；根据回归模型中变量的属性，可分为普通回归分析和虚拟变量回归分析；还可根据回归模型是否用滞后的因变量作自变量，分为无自回归现象的回归分析和自回归分析，具体如图 5.6 所示。

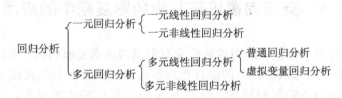

图 5.6 回归分析预测法的多种类型

回归分析预测法广泛应用于金融证券、电力负荷、交通流量及过程控制等诸多领域，也是科学决策、合理规划的重要前提。线性回归是常用的回归模型，但是在实际存在的问题中，回归往往呈现较复杂的非线性。支持向量机是一类重要的非线性函数估计算法，是处理非线性回归的有效方法。SVM 回归主要是通过高维空间构造线性决策函数，从而实现线性回归。

2. SVM 回归模型

SVM 方法在 20 世纪 90 年代由 Cort、Vapnik 等人提出，属于一种基于结构风险最小与统计学习理论的新型机器学习方法。在解决小样本、非线性及高维模式识别问题上表现出特有的优势。SVM 算法在估计回归函数时，其基本原理是利用非线性映射 φ，把输入空间的数据 x 映射成高维特征空间的数据，然后在高维空间进行线性回归。

关于 SVM 算法基本思想的说明：

（1）若线性可分，在原空间中寻找两类样本间最优分类超平面。

（2）若线性不可分，加入松弛变量，通过非线性映射将低维输入空间样本映射到高维属性空间，转变为线性情况，使得高维属性空间能够采用线性算法对样本的非线性作分析，在高维特征空间中寻找最优分类超平面。

（3）使用结构风险最小化原理在属性空间中构建最优分类超平面，得到分类器全局最优，期望风险在整个样本空间中以某个概率满足一定的上界。

这里对 SVM 的优点进行总结。首先是良好的泛化能力，统计学习中的结构风险最小化原则与 VC 维（Vapnik-Chervonenkis dimension）理论带来了良好泛化能力，即利用有限的训练样本带来小的误差，使独立的测试集仍保持小的误差。其次是全局最优解，支持向量机求解的凸优化问题使局部最优解必定是全局最优解。然后是求解难度的降低，核函数将非线性问题转化成线性问题，降低了求解难度。最后，还具有较好的鲁棒性，分类间隔的最大化带来了较好的鲁棒性。

在 SVM 回归预测模型中，以不敏感函数和核函数算法为基础，把拟合的数学模型用多维空间曲线表示，按照不敏感函数得到的结果，便是包裹该曲线与训练点的包络式"ε管道"。管道位置由分布在"管壁"上的样本点决定，该训练样本即所谓的支持向量（Support Vectors）。在训练样本集的非线性问题解决中，传统拟合方法通过线性方程加高阶项来实现。该方法虽然能够起作用，但是增加的可调参数会引起过拟合的风险。SVM 回归预测则是通过核函数算法解决过拟合风险，利用核函数代替高阶线性项使得线性算法"非线性化"，也就是实现非线性回归。引入核函数在达到升维目的的同时，相应的可调参数增加不多，所以过拟合仍在控制范围之内。接着分别对线性回归、非线性回归等说明其相应的回归数学模型。

在线性回归中，(y_1, x_1)，(y_2, x_2)，$\cdots$，(y_l, x_l)，$x_i \in \mathbf{R}^n$，$y \in \mathbf{R}$ 为训练样本集，相应的回归函数表示为

$$f(x) = \boldsymbol{\omega}^{\mathrm{T}} \cdot x_i + b \tag{5.41}$$

式中，对 x_i 样本数据进行统计观测，得到其与相应 y_i 即 $f(x_i)$ 的函数关系的近似表达，从而建立预测函数模型，$f(x_i)$ 的最优形式即最佳回归。在 SVM 分类问题中，式（5.41）满足 $f(x_i)[\boldsymbol{\omega}^{\mathrm{T}} x_i + b] \geqslant 1$ 的约束，因此可将问题转化成式（5.42）的最小极值优化后进行求解：

$$\min \Phi(\boldsymbol{\omega}) = \frac{1}{2} \parallel \boldsymbol{\omega} \parallel^2 \tag{5.42}$$

当问题线性不可分时，加入 $C(\sum\limits_{i=1}^{l} \zeta_i + \sum\limits_{i=1}^{l} \zeta_i^*)$ 形式的惩罚因子与松弛变量，实现升维和线性化的目的，C 表示设定的惩罚因子，ζ_i 和 ζ_i^* 分别代表松弛变量的上限和下限。

在式(5.42)的问题求解中，由 Vapnik 提出如下表示的不敏感损耗函数法：

$$L_e(y) = \begin{cases} 0 & |f(x) - y| < \varepsilon \\ |f(x) - y| - \varepsilon & |f(x) - y| = \varepsilon \end{cases} \tag{5.43}$$

引入拉格朗日算子后，形成如下的优化方程：

$$\max_{\alpha, \alpha^*} W(\alpha, \alpha^*) = \max_{\alpha, \alpha^*} \left\{ -\frac{1}{2} \sum_{i=1}^{l} \sum_{j=1}^{l} (\alpha_i - \alpha_i^*)(\alpha_j - \alpha_j^*)(x_i \cdot x_j) + \right.$$
$$\left. \sum_{i=1}^{l} \alpha_i (y_i - \varepsilon) - \alpha_i^*(y_i + \varepsilon) \right\} \tag{5.44}$$

将下式作为约束条件引入：

$$\begin{cases} 0 \leqslant \alpha_i \leqslant C & i = 1, 2, \cdots, l \\ 0 \leqslant \alpha_i^* \leqslant C & i = 1, 2, \cdots, l \\ \sum\limits_{i=0}^{l} (\alpha_i - \alpha_i^*) = 0 \end{cases} \tag{5.45}$$

关于极小值问题的求解，见下式：

$$\bar{\alpha}, \bar{\alpha}^* = \arg\min \left\{ \frac{1}{2} \sum_{i=1}^{l} \sum_{j=1}^{l} (\alpha_i - \alpha_i^*)(\alpha_j - \alpha_j^*)(\boldsymbol{x}_i^{\mathrm{T}} \cdot x_j) - \right.$$
$$\left. \sum_{i}^{l} (\alpha_i - \alpha_i^*) \cdot y_i + \sum_{i}^{l} (\alpha_i + \alpha_i^*) \cdot \varepsilon \right\} \tag{5.46}$$

这里的 α_i 和 α_i^* 是拉格朗日方程的待定系数，线性回归函数 $f(x)$ 为

$$f(x) = \sum (\bar{\alpha}_i - \bar{\alpha}_i^*)(x_i \cdot x_j) \tag{5.47}$$

在非线性回归中，与分类问题类似，非线性回归模型的建立与测试需要足够的样本数据，这点与线性 SVM 方法具有共性。非线性映射的功能是把数据从低维映射到高维空间中，从而便于利用线性回归解决问题。核函数的作用是避免升维中可能造成的"维数灾难"问题，具体通过非敏感性损耗函数来实现，非线性 SVM 回归的解可以通过下式计算：

$$
\max_{\alpha,\,\alpha^*} W(\alpha,\,\alpha^*) = \max_{\alpha,\,\alpha^*} \left\{ -\frac{1}{2} \sum_{i=1}^{l} \sum_{j=1}^{l} (\alpha_i - \alpha_i^*)(\alpha_j - \alpha_j^*) \cdot K(x_i,\,x_j) + \right.
$$
$$
\left. \sum_{i=1}^{l} \alpha_i \cdot (y_i - \varepsilon) - \alpha_i^* \cdot (y_i + \varepsilon) \right\} \tag{5.48}
$$

将式(5.48)与式(5.44)相比较,引入核函数 $K(x_i,\,x_j)$,对应的约束条件为

$$
\begin{cases}
0 \leqslant \alpha_i \leqslant C & i = 1,\,2,\,\cdots,\,l \\
0 \leqslant \alpha_i^* \leqslant C & i = 1,\,2,\,\cdots,\,l \\
\displaystyle\sum_{i=0}^{l} (\alpha_i^* - \alpha_i) = 0 &
\end{cases} \tag{5.49}
$$

获得拉格朗日方程的待定系数 α_i 和 α_i^* 后,非线性回归函数 $f(x)$ 可表示成

$$
f(x) = \sum (\bar{\alpha}_i - \bar{\alpha}_i^*) \cdot K(x_i,\,x_j) \tag{5.50}
$$

在 SVM 算法求解中,为了对 SVM 的求解进行说明,其优化问题的一般表达形式为

$$
\begin{cases}
\displaystyle\min_{x} f(x) & x \in E^n \\
\text{s. t.} \quad \varphi_i(x) \geqslant 0 & i \in \{1,\,2,\,\cdots,\,m\}
\end{cases} \tag{5.51}
$$

利用多维空间超平面将数据分隔成两个类别时有两种基本方法:① 平方最近点法,即用两类点中最近两点连线的平分线作为分类线(面);② 最大间隔法,即求分类面,使分类边界的间隔最大。分类边界是指从分类面分别向两个类的点平移,直至遇到第一个数据点。回归预测是一类特殊的二分类问题,如图 5.7 所示,与分类的本质区别在于所关注问题的结果上。分类关注的则是样本落在分类超平面的哪个区域,进而判断类别;回归关注的是超平面某一维度的取值,重点是拟合的超平面或分类面上的函数值。通常选择最大间隔法求解 SVM 回归优化问题,最大间隔表示为 $\max \delta_i = \dfrac{1}{\|\omega\|} \cdot |f(x_i)|$,适当变形后,等价于 $\min \dfrac{1}{2} \|\omega\|^2$;分类平面表示为 $f(x) = \omega \cdot x + b = 0$。其中,$x$ 表示多维向量,$\dfrac{1}{2} \|\omega\|^2$ 是分类间隔倒数。支持向量机所求解的最优化问题进一步可表示为

$$
\begin{cases}
\displaystyle\min_{\omega,\,b} \frac{1}{2} \|\omega\|^2 \\
\text{s. t.} \quad y_i((\omega \cdot x_i + b) + 1) \geqslant 1 & i = 1,\,2,\,\cdots,\,l
\end{cases} \tag{5.52}
$$

支持向量机优化问题中的约束条件要求 $(x_i,\,y_i)$ 表征的各数据点与分类面的距离不小于 1,y_i 表示的是数据的函数取值。

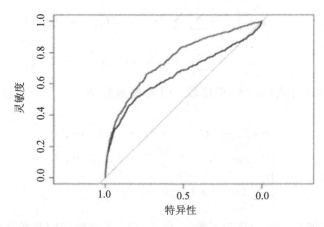

图 5.7　回归分析预测的拟合曲线

上述支持向量机优化问题的求解通常用到对偶算法。拉格朗日对偶性问题的求解通过对偶变量变换得到，等价求解对偶问题，从而计算出相应原问题的最优解，这种优化问题等价转换而降低计算难度的做法被称为线性可分条件下支持向量机的对偶算法。其优点在于对偶问题往往更容易求解；可以自然地引入核函数，进而推广到非线性分类问题。

引入拉格朗日乘子后转换为对偶问题，具体为

$$L(\omega, b, \alpha) = \frac{1}{2} \parallel \omega \parallel^2 - \sum_{i=1}^{n} \alpha_i (y_i \cdot (\boldsymbol{\omega}^{\mathrm{T}} \cdot x_i + b) - 1) \qquad (5.53)$$

于是目标函数变成

$$\min_{\omega, b} \theta(\omega) = \min_{\omega, b} \max_{\alpha_i \geqslant 0} L(\omega, b, \alpha) = p^* \qquad (5.54)$$

式中，用 p^* 表示该问题的最优值，并让其等价于最初的问题。直接求解时将面临 ω 和 b 两个参数，同时 α_i 又是不等式约束，使得求解过程困难。为了便于求解而进行适当变换，把最小和最大的位置交换一下，于是有

$$\min_{\alpha_i \geqslant 0} \max_{\omega, b} L(\omega, b, \alpha) = d^*$$

形成原始问题的对偶问题即交换后的新问题，新问题的最优值通过 d^* 表示，且 $d^* \leqslant p^*$，在满足库恩塔克条件的情况下，这两者相等，这个时候就可以通过求解对偶问题来间接地求解原始问题。

之所以从 min max 的原始问题 p^* 转化为 max min 的对偶问题 d^*，是因为 d^* 是 p^* 的近似解。同时，转化为对偶问题后，更容易求解。具体求解通过以下 3 个过程来实现：

（1）固定 α，使得 L 关于 ω 和 b 最小化，并对 ω、b 求偏导数，即令 $\partial L / \partial \omega$ 和 $\partial L / \partial b$ 等于零，具体为

$$\begin{cases} \dfrac{\partial L}{\partial \omega} = 0 \Rightarrow \omega = \displaystyle\sum_{i=0}^{n} \alpha_i y_i x_i \\[3mm] \dfrac{\partial L}{\partial b} = 0 \Rightarrow \omega = \displaystyle\sum_{i=0}^{n} \alpha_i y_i = 0 \end{cases} \tag{5.55}$$

所得结果代回 L，即

$$L(\omega, b, \alpha) = \frac{1}{2} \sum_{i,j=1}^{n} \alpha_i \alpha_j y_i y_j \boldsymbol{x}_i^{\mathrm{T}} x_j - \sum_{i,j=1}^{n} \alpha_i \alpha_j y_i y_j \boldsymbol{x}_i^{\mathrm{T}} x_j - b \sum_{i=1}^{n} \alpha_i y_j + \sum_{i=1}^{n} \alpha_i$$

$$= \sum_{i=1}^{n} \alpha_i - \frac{1}{2} \sum_{i,j=1}^{n} \alpha_i \alpha_j y_i y_j \boldsymbol{x}_i^{\mathrm{T}} x_j \tag{5.56}$$

（2）α 的极大值求解，即关于对偶问题的最优化问题。经过上面第一个过程求 ω 和 b 的偏导，拉格朗日函数式已没有变量 ω、b，仅包含 α。通过上面的式子得到

$$\begin{cases} \displaystyle\max_{\alpha} \sum_{i=1}^{n} \alpha_i - \frac{1}{2} \sum_{i,j=1}^{n} \alpha_i \alpha_j y_i y_j \boldsymbol{x}_i^{\mathrm{T}} x_j \\[3mm] \text{s. t.} \ \ \alpha_i \geqslant 0, \ i = 1, 2, \cdots, n \qquad \displaystyle\sum_{i=0}^{n} \alpha_i y_i = 0 \end{cases} \tag{5.57}$$

（3）求得 $L(\omega, b, \alpha)$ 对于 ω 和 b 最小化以及 α 的极大后，利用 SMO (Sequential Optimization，序列最小优化)算法求解对偶问题中的拉格朗日乘子 α。

上述内容在联合 SVM 回归预测色彩复原中，对褪色图像的色彩复原研究仍在 lαβ 颜色空间中，首先分析色彩复原在颜色空间中的回归问题；接着利用 SVM 回归模型进行求解，并说明具体的求解过程；最后对联合 SVM 回归预测的色彩复原算法流程予以介绍。

在 lαβ 空间中，彩色参考图像 C 由三个颜色分量 l(亮度)、α(红绿)和 β(黄蓝)共同组成。假设由 l、α、β 组成 $n \times n$ 的方阵，分别取两组样本集：(l_{11}, α_{11})，(l_{22}, α_{22})，$\cdots$，(l_{nn}, α_{nn}) 和 (l_{11}, β_{11})，(l_{22}, β_{22})，$\cdots$，(l_{nn}, β_{nn})。对应的两组回归函数表示如下：

$$\begin{cases} f_{\alpha}(l) = \boldsymbol{\omega}^{\mathrm{T}} \cdot l + b_1 \\[2mm] f_{\beta}(l) = \boldsymbol{\omega}^{\mathrm{T}} \cdot l + b_2 \end{cases} \tag{5.58}$$

上式所表示的就是色彩复原中的回归问题，若能对两组回归模型 $f_{\alpha}(l)$、$f_{\beta}(l)$ 进行估计，就可得到彩色参考图像 C 在 l 中的两个彩色回归模型，分别是红绿回归和黄蓝回归，类似两类回归间有约束关系的双生支持向量机。那么褪色图像 G 在 l 中作自变量，通过 $f_{\alpha}(l)$、$f_{\beta}(l)$ 进行预测，能够获得新的带色彩的 α、β。基于这样的考虑，这里主要介绍基于联合 SVM 回归模型的色彩复原方法。

　　根据对 SVM 回归模型的分析，通过拉格朗日约束条件求解彩色参考图像中的两组回归函数。在等式约束条件下，SVM 以误差平方和损失函数作为训练样本集的经验损失，SVM 把凸二次规划问题转化成线性矩阵进行求解，目的是提高算法求解的速度及收敛精度。如果存在训练样本 $T = \{p_k, h_k\}_{k=1}^{N}$，其中 $p_k \in \mathbf{R}^N$，在样本空间中为模型输入值，$h_k \in \mathbf{R}$ 表示预测步长，联合 SVM 最优化问题可通过下式表示：

$$\begin{cases} \min\limits_{\omega, b, e} J(\omega, e) = \dfrac{1}{2}\boldsymbol{\omega}^{\mathrm{T}} \cdot \omega + \dfrac{1}{2}\gamma \cdot \sum\limits_{k=1}^{N} e_k^2 \\ \mathrm{s.t.}\ \ h_k = \boldsymbol{\omega}^{\mathrm{T}} \cdot \varphi(p_k) + b + e_k \qquad k = 1, 2, \cdots, N \end{cases} \tag{5.59}$$

这里的 e_k 是误差变量，γ 表示可调常数，b 是偏差量。$\varphi(p_k)$ 代表核空间的映射函数，通过该映射函数从原空间中能够将变量特征抽取出来，利用 $\varphi(p_k)$ 把原空间的样本映射成高维空间向量，从而解决原空间内线性不可分的问题。拉格朗日函数定义为

$$L(\omega, b, e; \partial) = \frac{1}{2}\boldsymbol{\omega}^{\mathrm{T}} \cdot \omega + \frac{1}{2}\gamma \cdot \sum_{k=1}^{N} e_k^2 - \sum_{k=1}^{N} \alpha_k \cdot \{\boldsymbol{\omega}^{\mathrm{T}} \cdot \varphi(p_k) + b + e_k - y_k\}$$

$$\tag{5.60}$$

其中的拉格朗日乘子 $\alpha_k \in \mathbf{R}$。

　　式(5.60)的优化条件表达为

$$\begin{cases} \dfrac{\partial L}{\partial \omega} = 0 \\ \dfrac{\partial L}{\partial b} = 0 \\ \dfrac{\partial L}{\partial e_k} = 0 \\ \dfrac{\partial L}{\partial \alpha_k} = 0 \end{cases} \Rightarrow \begin{cases} \omega = \sum\limits_{k=1}^{N} \alpha_k \cdot \varphi(p_k) \\ \sum\limits_{k=1}^{N} \alpha_k = 0 \\ \alpha_k = \gamma \cdot e_k \\ \boldsymbol{\omega}^{\mathrm{T}} \cdot \varphi(p_k) + b + e_k - y_k = 0 \end{cases} \tag{5.61}$$

　　由 mercer 条件来定义核函数 $K(x_j, x_l) = \varphi(\boldsymbol{x}_j)^{\mathrm{T}} \cdot \varphi(x_l)$，常用的核函数包括：① B 样条函数，$K(x, y) = B_{2n}(x - y)$；② RBF 函数，$K(x_i, x) = \exp\{-|x - x_i|^2 / 2\sigma^2\}$；③ 多项式函数，$K(x_i, x) = [(x \cdot x_i) + 1]^q$；④ Sigmoid 函数，$K(x_i, x) = \tanh(v(x \cdot x_i) + c)$。将优化问题转化为求解线性方程，具体为

$$\begin{bmatrix} 0 & \boldsymbol{l}_v^{\mathrm{T}} \\ l_v & K + \dfrac{l}{\gamma} \end{bmatrix} \begin{bmatrix} b \\ \alpha \end{bmatrix} = \begin{bmatrix} 0 \\ h \end{bmatrix} \tag{5.62}$$

其中 $l_v = (1, 2, \cdots, l)$，利用最小二乘法可求出 α 与 b，得到联合 SVM 函数估计即非线性预测模型，见式(5.63)，其中的上角标 α、下角标 β 分别表示不同的颜色通道。SVM 在非线性、高维、有限样本相关的模式识别及回归估计问题的求解中，表现出超越经典机器学习的优势。

$$\begin{cases} F_\alpha(p) = \sum_{i=1}^{l} \alpha_i \cdot K(p, p_i) + b_\alpha & p \in R^\alpha \\ F_\beta(p) = \sum_{i=1}^{l} \alpha_i \cdot K(p, p_i) + b_\beta & p \in R^\beta \end{cases} \tag{5.63}$$

关于文物的色彩复原，彩色参考图像 C 在 $l\alpha\beta$ 空间中的 l 分量作为模型的训练输入，α、β 分量作为模型的训练输出，对联合回归模型进行训练。具体实现时通过 Matlab 中的 SVM 工具箱完成，从而建立 $l\alpha\beta$ 空间的联合彩色回归模型。然后通过该联合模型，实现褪色图像 G 的 α'、β' 分量预测。

联合 SVM 回归预测的色彩复原算法流程主要有以下 6 步：

(1) 为褪色图像 G 选择彩色参考图像 C。

(2) 对图像 G 与 C 作 RGB 到 $l\alpha\beta$ 的颜色空间转换，分别得到颜色分量 l、α、β 与 l'、α'、β'。

(3) 用 l 与 α、l 与 β 两组输入输出训练数据训练 SVM 回归模型 SVM1、SVM2。

(4) 用 SVM1、SVM2 分别对 l' 进行预测。

(5) 输出色彩预测值 α'、β'，即复原后的颜色分量。

(6) l'、α'、β' 转换回 RGB 空间。

关于回归预测的误差分析，通过对 30 组样本图像实施如下操作来实现：首先保留其彩色参考图像，然后对其进行褪色处理，再应用联合 SVM 回归预测方法进行色彩复原。利用 3 项指标来评价联合 SVM 回归预测模型在色彩复原上的预测误差。这 3 项误差指标分别是平均绝对百分误差 MAPE、均方根误差 RMSE 以及对称绝对值均差 SMAPE，具体计算形式为

$$e_{\text{MAPE}} = \frac{1}{h} \sum_{\text{time}=1}^{h} |t_{\text{time}} - \hat{t}_{\text{time}}| / \hat{t}_{\text{time}}$$

$$e_{\text{RMSE}} = \sqrt{\sum_{\text{time}=1}^{h} (t_{\text{time}} - \hat{t}_{\text{time}})^2 / h}$$

$$e_{\text{SMAPE}} = \frac{1}{h} \sum_{\text{time}=1}^{h} \frac{|t_{\text{time}} - \hat{t}_{\text{time}}|}{(t_{\text{time}} + \hat{t}_{\text{time}}) / 2}$$

从表 5.1 中的数据可以看出，联合 SVM 回归预测较普通 SVM 在 3 项误差上有更好的表现。

表 5.1 样本图像 3 项误差指标

误差指标	普通 SVM	联合 SVM
MAPE	8.2811	7.8452
RMSE	1.8082	0.8988
SMAPE	7.6518	6.3248

本 章 小 结

本章在褪色图像的色彩修复基础上对色彩复原问题进行描述，总结存在的两方面工作。对颜色迁移技术中的主要颜色空间 RGB、LMS 及 lαβ 各自的特点及相互间的数学转换关系作了分析；介绍了颜色迁移技术及相关算法；在独立成分分析的基础上，介绍了基于 ICA 的亮度距离与邻域标准差的混合距离色彩复原算法；同时，介绍了支持向量机在文物色彩复原中的应用，分析了回归预测的多种类型。此外，本章对于处理非线性回归的有效方法 SVM 从原理到回归预测模型以及具体的求解算法进行了讨论；分析了颜色空间中的色彩复原回归问题，介绍了基于联合 SVM 回归预测的色彩复原方法。

参 考 文 献

[1] ZENG X H, HE S S, LI W S. Color perception of diffusion tensor images using hierarchical manifold learning[J]. Pattern Recognition, 2017, 63: 583 – 592.

[2] SHARMA A, KAUR M. Enhanced false coloring in medical image processing[J]. Internation Journal of Advance Research, Ideas and Innovaions in Technology, 2017, 3(1): 75 – 78.

[3] OKURA F, VANHOEY K, BOUSSEAU A, et al. Unifying color and texture transfer for predictive appearance manipulation[J]. Computer Graphics Forum, 2015, 34(4): 53 – 63.

[4] HE L, QI H R, ZARETZKI R. Image color transfer to evoke different emotions based on color combinations[J]. Signal, Image and Video Processing, 2015, 9(8): 1965 – 1973.

[5] JAYADEVAN R, LATHA K N, NAVAS K A. Automated pseudo-coloring of grayscale images based on contourlet transform [C]. Proceedings of the IEEE International Conference on Communication, Signal Processing and Networking. Los

Alamitos：IEEE Computer Society Press，2014：1 - 6.

[6]　宋传鸣，何兴，闵新，等. 调色板编码中 2-邻域联合转移概率的索引图预测[J]. 计算机研究与发展，2018，55(11)：217 - 228.

[7]　钟元，王惠南，郑罡，等. 基于 fMRI 瞬时功率的独立成分分析[J]. 中国图象图形学报，2018，14(10)：2010 - 2015.

[8]　冯平兴，魏平. 多类型噪声中的独立成分分离算法[J]. 电子科技大学学报，2017，46(2)：352 - 356.

[9]　王诗尧，胡涛. 基于马尔可夫场的图像背景拼贴[J]. 计算机应用研究，2017，34(9)：2849 - 2853.

[10]　张子迎，周明全，税午阳，等. 基于 K-均值聚类和区域匹配的颜色迁移技术[J]. 系统仿真学报，2015，27(10)：2359 - 2364.

[11]　陈海，冯国灿. 保持细节的局部颜色迁移改进算法[J]. 计算机科学，2013，40(Z11)：301 - 303.

[12]　向遥，李宏，谢政，等. 基于高斯混合模型的区域颜色迁移[J]. 中国图象图形学报，2006，11(11)：1728 - 1731.

第 6 章

色彩复原图像的质量评价

图像质量评价是图像处理领域内一项很有意义的研究内容。图像质量评价方法分为主观评价方法和客观评价方法，其中，客观评价方法有全参考图像质量评价、半参考图像质量评价和无参考图像质量评价几种。针对褪色文物数字化保护中色彩复原图像的质量评价问题，结合人眼视觉特征信息熵的结构特性，本章介绍彩色图像质量评价的背景及研究意义，研究其基于人眼视觉特征的基础理论与常用方法；分析基于信息熵的 YC_bC_r 和 RGB 颜色空间中全彩色参考图像质量评价方法，通过评价算法流程计算复原的彩色图像与彩色参考图像的函数值，比较两者的相似程度；值越小则代表相似度越高，对应的复原彩色图像质量越好，以此客观判断色彩复原方法的优劣。

6.1　图像质量评价相关内容

数字图像在获取、处理、压缩、存储和传输过程中会遭受各种类型的质量损失，这些损失严重影响图像的视觉效果。图像质量评价的目的是评价复原图像质量的好坏，最直接的方法是让富有专业知识和经验的专家进行评价，这就是主观质量评价方法，但是这种方法不能应用于软件系统。所以，图像质量评价的主要研究方向就是设计客观的图像质量评价方法，使评价结果与人的视觉感知保持高度一致。

根据心理学的研究，通过视觉获取的知识在人类知识来源中占到 85%，而图像是视觉感知的基础。图像质量评价的重要意义体现在以下 4 个方面：

（1）视频图像监控系统的质量；

（2）视频图像处理算法及系统的改善；

（3）嵌入视频图像处理系统算法和参数设置的最佳化；

（4）底层图像的挖掘。

人类视觉对图像质量的认知主要由 4 项特征来体现：首先是适当的光照度，在低光照环境下，暗视觉造成图像质量差；其次是适当的灰度/色度信息；再次是对于灰度/色度信息而言的适当的空间分布，即对比度；最后是低噪声。

对于一幅彩色图像，人类视觉图像质量评价从红、绿、蓝 3 个颜色通道进行信息量、对比度、平均灰度、噪声 4 个方面的分析，生成合成信息量、合成对比度、合成灰度及合成噪声 4 项关于彩色图像质量的评价指标，供综合评价作为判断依据。

人眼视觉系统由人类漫长的进化过程而产生，是人类活动中的高级系统，在其心理与生理上的研究成果已为图像主观评价和客观评价的一致性带来参考。目前彩色图像质量评价的客观评价研究方向中，模拟人眼视觉系统被认为是一个较好的方向。

6.1.1　图像质量评价的研究介绍

根据能够得到的原始图像信息量的多少，客观图像质量评价方法一般分为 3 类，即全参考图像质量评价方法、无参考图像质量评价方法和半参考图像质量评价方法。全参考图像质量评价方法可以得到参考图像的全部信息，它通过把复原图像和参考图像进行比较来评价图像质量。全参考图像质量评价方法是目前客观评价方法中最可靠的方法。无参考图像质量评价方法没有参考图像的任何信息，只对复原图像进行质量评价。半参考图像质量评价方法介于两者之间，只能获得原始图像的部分信息用于评价图像质量。这里主要讨论全参考图像质量评价方法。

最简单的全参考图像质量评价方法是均值误差（MSE）和峰值信噪比（PSNR）方法，它们直接对参考图像和失真图像的像素灰度值进行差异统计，计算简便、意义明确，但是不能很好地与人的主观感受保持一致。随着对人类视觉系统（HVS）认识的加深，人们开始利用视觉系统的某些特性进行质量评价，由此出现了基于 HVS 的彩色空间模型，其中具有代表性的两个模型是戴利可见差异预测（Daly Visible Differences Predictor）和萨拉诺夫视觉辨别模式（Saranoff Visual Discrimination Mode）。由生理和心理学实验获得人类视觉系统的前端特征构建视觉模型，从而可以模拟人的视觉特征对图像质量进行客观评价。典型的评价方法有噪声质量评价（Noise Quality Measure，NQM）和视觉信噪比（Visual Signal-to-Noise Ratio，VSNR）方法，但采用这些方法并没有得到令人满意的结果。后续提出了结构相似性理论，对参考图像的亮度、对比度结构信息进行比较，得到了较好的结果。该方法假设 HVS 擅长提取场景中的结构信息，通过评测失真图像结构信息的退化程度对图像质量进行评价，得到了广泛使用。

研究者在结构相似性理论的基础上进行了改进，如多尺度结构相似性理论，得到了比单一尺度更好的结果；自然场景分析方法即信息保真度准则（Information Fidelity Criterion，IFC）和视觉信息保真度（Visual Information Fidelity，VIF），通过评测参考图像和失真图像共同信息的多少来评价失真图像质量，得到了较好的结果；将相位一致性用于图像质量评价，因相位一致性信息的最大特点是不依赖于图像的亮度和对比度，故能够较好地表征图像的结构信息，但实验结果并不理想，因为亮度和对比度对图像质量的影响不能忽略；利用相位一致性信息特性的特征相似性方法，选取相位一致性信息和梯度信息作为特征，得到了较好的结果。

然而在实际应用中，往往不能获得完美的原始图像。如在多媒体通信中，接收端很难获得原始图像的全部信息，大大限制了全参考图像质量评价方法的应用。因此研究者提出了半参考图像质量评价模型，即利用原始图像的部分特征信息来评价失真图像质量的一种方法。典型的半参考图像质量评价方法有基于多尺度的方法、基于小波域自然图像统计模型的方法、基于特征嵌入的方法等。但在很多应用中，无法得到参考图像的任何信息，这就需要采用无参考图像质量评价方法。无参考图像质量评价方法已成为近几年的研究热点。大多数的无参考图像质量评价方法主要针对某一特定类型的失真来评价，如针对图像模糊的方法、针对 JPEG 和 JPEG2000 的方法。不依赖失真类型的方法大多是对统计特征进行建模或者是对参考图像的统计特征进行训练，然后进行评价。

图像质量评价体现的是人的主观感受，人类视觉系统体现的是人们对图像的生理和心理方面的反应。评价图像质量的主体是人，自然要考虑到人是如何观察和感知图像的，因此对人类视觉系统特性的研究将会是今后发展的重要方向。虽然现在对 HVS 特性的研究还很有限，而且其复杂程度难以模拟，但它仍然是质量评价中最重要的量化模型。若能使 HVS 模型的表示更加精确，评价性能会得到进一步提高。虽然人们已经研究了人眼的一部分物理特性和心理特性，并且很好地运用到了实际应用中，但是目前为止的研究成果还处于低级阶段，对人类视觉系统的研究之路还很漫长。

目前的全参考图像质量评价方法中的大部分都是针对彩色图像的亮度分量进行计算的，很少有在彩色空间上进行的评价方法。但是现实世界丰富多彩，色彩对图像视觉效果的影响很大，如何应用图像的色彩特征进行评价也是今后研究的方向。

已有的图像质量评价研究是在经历单一类型失真的图像上进行的，比如 LIVE 和 TID2008 中的退化图像都是假设只受到一种特定类型的退化。而实际上图像往往会经历多种失真类型。如何对多种失真类型的图像进行评价，并且保持评价结果的稳定性，是更为复杂的研究课题。

已有的全参考图像质量评价方法研究的是图像退化程度，而没有研究图像增强程度。全参考图像质量评价方法假设有一幅完美的标准图像，标准图像的质量优于退化图像，通过把退化图像和完美图像进行比较来判定退化图像的退化程度。然而现实中经常需要对一幅效果不太理想的图像进行改善以增强视觉效果，因此需要某种评价方法用于度量各种增强方法。这时的参考图像效果要劣于改善后的图像，所以不能简单地应用现有的研究方法。

到目前为止，国内外的学者们研究了许多图像质量评价方法，但是大多都基于理论研究，没有设计出一个可以通用到所有行业中的软件。为了把理论研究结果应用于实际中，就不能在对各图像质量评价方法效果进行判定时，局限于准确性、单调性和一致性几个方面，还应当将方法的复杂度和运算效率及稳定性等因素考虑在内。有些方法虽然效果较好，但是计算时间较长，如何简化这些方法，使得计算机能够快速进行运算评价也需要进一步研究。

在实际应用中，有时很难获得参考图像。因此，很多学者已经把研究方向转向半参考图像质量评价和无参考图像质量评价上。半参考图像质量评价方法只需要部分原始图像信息，无参考图像质量评价方法则无需任何原始图像的信息，这大大降低了评价方法的时间复杂度和空间复杂度，并解决了原始图像难于获取的问题，但实现起来也更加困难。目前半参考图像质量评价方法和无参考图像质量评价方法还处在初步发展阶段，而且大部分评价方法要么只针对单一类型的失真，要么需要先进行某种形式的训练，评价效果达不到全参考图像质量评价方法应有的程度，而训练模型和训练数据的选择也是一个需要解决的问题。如何把全参考图像质量评价方法应用于无参考图像质量评价方法中，使用全参考图像质量评价方法构造用于比较的标准图像也是今后研究的一个方向。

随着图像处理技术的发展，立体图像技术通过提供深度信息来增强图像的立体感、临场感，是下一代数字媒体技术的发展方向，而如何有效地对三维图像进行评价将是未来的研究热点和难点。

彩色图像质量评价方法对文物数字化色彩复原后的效果有较好的说明意

义，图像质量评价在图像压缩、图像增强、信息隐藏、图像传输及图像复原等图像处理的几乎所有领域都是十分重要的研究内容。主观评价法准确但是耗时耗力，传统客观评价法（如 PSNR 峰值信噪比）因计算简单而被广泛应用，但对人眼视觉特征未予考虑。针对色彩复原后的效果，在现有方法的基础上，基于人眼视觉特征研究彩色图像质量客观评价方法与评价函数，对色彩复原方法的优劣判断有重要的参考意义。

6.1.2 图像质量评价相关内容

1. 视觉注意机制

视觉注意是指观测者在人眼视觉系统的协调下，将目光关注到场景中显著区域的机制，它在视觉信息处理中有着非常重要的调节作用。视觉注意是一种对视觉场景具有选择性倾向的现象，是人眼视觉系统的一个核心而重要的特性。心理学和生理学的相关研究表明，人眼会根据视觉场景中内容的差异性进行选择性的关注，可以提高人眼在处理图像内容重要性不等时的效率。通过模拟人眼的视觉感知行为对场景注意力分布构建的模型称为可计算的视觉注意模型。

由于视觉注意特性是覆盖了生物学、心理学和信息科学等多个学科的交叉问题，因此目前对这方面的研究还处于初级阶段，尚未形成统一的认识。现有的视觉注意计算模型大致可分成心理学模型和计算机视觉模型两类，心理学模型解析了视觉注意的心理学行为，计算机视觉模型是为了解决视觉注意特性应用中与计算机视觉相关的问题。

通常来说，心理学模型是对人眼视觉系统的高层特性进行推测，难以在实际中得到应用。由于计算机视觉模型是利用视觉系统的底层特性建立数学模型，具有速度快、易于集成应用的特点，因此已成为该领域的研究重点。当前存在的计算机视觉模型可分为两种，一种是基于数据的自下而上的视觉注意模型；另一种是基于任务的自上而下的视觉注意模型。自下而上方法是一种快速方法，但只考虑了人眼视觉特性的底层特性，仅凭视觉激励的显著性来区分感兴趣区域，而不在乎内容是什么。自上而下的方法基于目标和任务，考虑了人眼视觉特性的高层特性，是一种慢速方法。两者中，自下而上的视觉注意模型目前研究得较为广泛。

为了更加直观地展现人眼观测图像的视觉注意力分布情况，通常用视觉显著图表征视觉注意程度。视觉显著图为一幅大小与参考图像相同的灰度图，显著图上越亮的地方表示人眼关注程度越高，即显著性越强；相反，越暗的地方表示人眼关注度越低，即非显著区域。

通常来说，获得视觉显著图的渠道有两种，一种是模拟人眼视觉系统通过数学建模计算视觉显著图，即可计算显著图；另一种是设计眼动实验，通过眼动设备收集眼动数据，从而获取视觉显著图，称之为眼动显著图。

由于人眼是图像的最终受体，所以目的是设计符合人眼主观感知的客观评价方法。当前基于人眼视觉系统的低层特性，比如对比敏感度、亮度掩膜和纹理掩膜，已经成功地融入到客观评价模型中。为了进一步提高客观评价结果与主观评分的一致性，近些年来，学者尝试将人眼视觉系统的高层特性，比如视觉注意与客观评价模型相结合。基于视觉注意的评价算法一般都会假设发生在显著区域的图像失真更容易引起人眼视觉的注意，因此尝试将图像局部显著性与局部失真进行加权得到质量评分。该类型方法主要分为 3 个部分：首先，通过已有图像质量评价模型计算测试图像的质量，获得局部失真图；然后，通过视觉注意模型计算或者通过主观眼动实验获取原始图像的视觉显著图；最后，将视觉显著图与局部失真图相结合得到最终的质量评分。

2. 人眼视觉系统

在人类认识大自然、认知客观世界中扮演着重要角色的人眼视觉系统是人们获取外部信息的主要途径。有关科学统计表明，超 7 成以上外界信息是通过人的眼睛获得的，这其中又有不少于 80% 是以图像的形式被人眼视觉系统接受的。由于人眼是图像质量评价的最终受体，所以在评价图像质量好坏时不仅要考虑图像固有的属性，还要考虑人眼视觉系统的主观感知特性。因此，对人眼视觉系统的理解是建立有效的图像质量评价算法的重要基础。

当前 HVS 的研究主要分成视觉生理学和视觉心理物理学两方面。视觉生理学阐述了人眼视觉系统的感知原理，视觉心理物理学研究人眼感知外部客观世界时的心理变化。

1）人眼视觉生理学特性

HVS 的生理学反应由两部分共同完成，即光学成像系统和视觉神经系统。视觉上的光学成像通常指人的眼睛的成像机制，视觉神经系统则由视网膜处理、外侧漆状体处理和视觉皮层处理 3 个主要过程组成。外部的光线经过人的眼睛，然后传至视网膜底部，这个过程称为光学处理。接着经过视网膜上起光感知作用的细胞，将光信号转换为视觉刺激，再通过外侧漆状体传送到视皮层，最终经过视皮层的感知和剖析，完成对外界客观世界的认识。人眼视觉系统对外界客观世界的认知分为 4 个步骤，分别是光学处理、视网膜处理、外侧漆状体处理和视觉皮层处理。

2）人眼视觉心理物理学特性

运用数学方法和物理测量方法研究视觉心理现象和物理现象之间关系的学科称为心理物理学。HVS 是一个极其复杂的信息处理系统，当前人们对自身视觉感知机制的研究还处于起步阶段。在一定假设前提下，人们对视觉系统的一些低层特性进行了充分的研究与分析，比如非线性特性、视觉掩膜特性和视觉注意特性等，并广泛应用于图像处理中。当前图像质量客观评价方法大都是通过设计相应的计算模型来模拟人眼视觉心理物理学特性，以达到与主观感知评价相符合的目标。因此，对人眼视觉心理物理学特性的了解有助于更深入地理解影响图像质量客观评价方法准确性的关键因素。

（1）非线性特性。非线性是人眼视觉的一个基本特性。人的眼睛在感知视觉信号亮度时，并非仅由该信号的绝对亮度决定，还取决于周围背景下的相对亮度，学者们称这种相对亮度为对比度。

（2）视觉掩膜特性。视觉掩膜特性是视觉心理物理学的一个重要特性，指空间位置或频率相近的两幅图像，其中一幅图像的出现会使原始图像某些部分的可视度降低或者增强，也就是说，激励乙的出现使得人眼对激励甲的感知增强或削弱。通常情况下，掩膜激励的出现会使目标图像的可视度降低，但是当掩膜激励与目标图像的空间频率、方向和位置相似时，会使目标图像的可视度增强，便于检测。掩膜效应的出现依赖于掩膜激励的方向、频率、相位等特征以及观测者对掩膜激励的熟知程度，一般分为时域掩膜效应和空域掩膜效应。随着时间变化而出现的掩膜效应称为时域掩膜效应，包括场景变换和时间对比敏感度函数两种形式。时域掩膜效应对确定视频信号的质量非常重要。当掩膜激励在空间频率、方向和位置等方面的特征与目标特征类似时，通常会出现空域掩膜效应。常见的空域掩膜效应有亮度掩膜效应、噪声掩膜效应和纹理掩膜效应。

6.1.3　质量评价的参数空间

彩色空间利用坐标系统，通过空间位置和数值大小对颜色进行直观描述。彩色空间根据不同基准可分为多种类型。如基于物理学的彩色空间，最常见的此类颜色空间为 RGB 颜色空间，RGB 颜色空间是当前工业界最基础的一种颜色标准。除此之外，还有基于人类视觉的彩色空间，如在计算机视觉领域广泛应用的 HSV 空间，此空间是 RGB 立方体沿着白色—黑色对角线投影到六角锥形成的。HSV 模型中的 3 个坐标轴分别是色调（Hue）、饱和度（Saturation）和亮度（Value），其中心轴表示亮度，自底部到上的取值由 0 到 1 变化；饱和度由径向表征，自内部向边缘方向数值逐渐变大；而绕中心轴的角则表示色调的变化，不同种类的颜色形成一个色环。

以上颜色空间虽然能表征色彩，但由于在其空间中的彩色距离测量与人类彩色感知并没有匹配的关系，因此使用这些颜色空间进行彩色图像处理算法中颜色差异的计算并不合适，需要一个坐标变化与感知差异有对应关系的空间，即感知均匀的颜色空间。常见的感知均匀的颜色空间基本都是由 CIE XYZ 标准基色系统演变而来的，此系统由国际照明委员会（Commission Internationale de L'Eclairage，CIE）在 1931 年 9 月提出，并根据此系统定义了第一个基于视觉感知的色彩空间——CIE XYZ 颜色空间。该模型实现了将图像的颜色与亮度属性分离开来，但存在不同颜色之间的数学量化表示与观测人员视觉感受到的差异不匹配的问题。为了建立可用距离测度描述色彩差别的颜色空间，有关学者通过对 CIE XYZ 进行非线性变换，制定了 CIE 1976 $L*a*b*$ 均匀彩色空间的规范。其中，$L*$、$a*$ 和 $b*$ 3 个基本坐标分别表示颜色的亮度（$L*=0$ 表示黑色，$L*=100$ 表示白色）、红色和绿色之间的位置（$a*$ 负值表示绿色、正值表示红色）、黄色和蓝色之间的位置（$b*$ 负值表示蓝色、正值表示黄色）。对于计算机视觉和彩色图像处理而言，利用感知均匀的颜色空间对图像进行差异计算更具合理性和重要性。

6.2　图像质量评价方法

在褪色文物图像的色彩复原过程中，彩色参考图像的相关度和颜色迁移算法都会影响色彩复原效果。下面通过图像质量评价方法对色彩复原过程进行说明。传统的图像质量评价方法分为主观评价和客观评价两大类。

6.2.1　图像质量的主观评价方法

在大部分图像处理系统中，人眼是最终的接收者，所以最可靠的图像质量评价方法是主观评价方法。主观评价方法是指人作为观察者，在标准的观测环境下，对给定的图像序列进行观测，并对其质量进行评分，最后利用数学方法对评分汇总，计算得到图像的主观评价值。由不同的计算方法得到的主观评价值可分为平均主观分值（Mean Opinion Score，MOS）和平均差异主观分值（Difference Mean Opinion Score，DMOS）。对于主观图像质量评价实验过程中的测试图像、测试环境、人员等，国际电信联盟（ITU-R）已发布了相关标准。

根据图像的观测顺序和有无参考图像，主观评价方法可以分为双刺激损伤分级法、双刺激连续质量分级法和单刺激连续质量分级法。

1. 双刺激损伤分级法

双刺激损伤分级法需要用原始图像作为对照，观测待测图像，并给出图像质量的等级分类。原始图像与待测图像内容相同，原始图像是高保真图像，而待测图像存在部分或整体的质量损失。实验中要求观察者同时观察原始图像与待测图像，根据主观图像质量评分表，给出待测图像的质量等级，再由所有观察者给出的质量等级确定待测图像的质量等级。主观图像质量评分表如表 6.1 所示。

表 6.1 主观图像质量评分表

级 别	绝对度量尺度
1	最好
2	较好
3	一般
4	较差
5	最差

2. 双刺激连续质量分级法

与双刺激损伤分级法相同的是，双刺激连续质量分级法也需要原始图像参与实验，不同之处在于观察者在实验前不知道哪些是原始图像。原始图像与待测图像交替播放，每幅图像的观测时间为 10 s，图像播放间隔时间为 2 s。在播放间隔时间内，观察者给出图像的质量评分。然后统计全部观察者的评分，去掉差异很大的评分，对剩余评分值取均值作为图像的主观值。最后由原始图像与待测图像的主观差值作为待测图像的主观质量评分。由于是随机播放图像，观察者对原始图像和待测图像单独进行评分，因此该方法能够最大程度地改善图像内容对评价的不利影响。该方法与双刺激损伤分级法采用相同的评分制度。

3. 单刺激连续质量分级法

与上述两种方法不同，单刺激连续质量分级法不需要原始图像，只观察待测图像。观察者根据主观图像质量评分表，对实验中的待测图像进行评分，最后汇总所有观察者的评分求平均值，得到待测图像的主观评分。这种方法操作简单，但其准确性不如前两种方法。

事实上，大部分图像处理算法和设备都在致力于保持或改善数字图像的外观质量。主观评价方法很久以来都被认为是判断图像质量的最佳方式，但实际应用起来耗时长、费用高，且易受参与实验人员的喜好、知识水平等主观因素的影响。主观评价方法的评价结果往往不稳定，更重要的是它不能嵌入到相应的算法系统中，导致其很难应用到实时图像质量系统中。主观评价方法更多时候是作为衡量客观评价算法性能的重要依据。

6.2.2　传统的图像质量客观评价方法

传统图像质量客观评价方法的共同点是用物理方法对图像的物理特性进行度量，将度量值与规定的标准作比较并进行计算。根据评价标准的不同，其评价方法可分为两种：一种是以图像逼真度为评价依据；另一种是以标准波形和测试图案为评价依据。

由于本书的研究对象是静态彩色图像，因此将采用图像逼真度的方法。客观逼真度准则的优点是便于计算或度量，图像逼真度的计算原理即计算降质图像与原始图像之间的统计误差。误差越小，从统计意义上来说降质图像与原始图像的差异就越小，图像的逼真度就越高，获得的图像质量评价分值也就越高。图像逼真度通常以均方误差和峰值信噪比来度量。

1. 均方误差

令 $f(x,y)$ 代表输入图像，$\hat{f}(x,y)$ 代表输出图像，则对任意给定的点 (x,y)，$f(x,y)$ 和 $\hat{f}(x,y)$ 之间的误差为

$$e(x, y) = \hat{f}(x, y) - f(x, y) \tag{6.1}$$

如果两幅图像的尺寸均为 $M \times N$，则总误差为

$$\sum_{x=0}^{M-1} \sum_{y=0}^{N-1} |f(x, y) - \hat{f}(x, y)| \tag{6.2}$$

均方误差定义为

$$\text{MSE} = \frac{\sum_{m=0}^{M-1} \sum_{n=0}^{N-1} [f(x, y) - \hat{f}(x, y)]^2}{M \times N} \tag{6.3}$$

2. 峰值信噪比

如果令 $f_{\max} = \max\{f(x,y)\}$，$x=0,1,2,\cdots,M-1$；$y=0,1,2,\cdots,N-1$，则峰值信噪比定义为

$$PSNR = 10\lg \frac{M \times N \times f_{\max}^2}{\sum_{m=0}^{M-1} \sum_{n=0}^{N-1} [f(x, y) - \hat{f}(x, y)]^2} \tag{6.4}$$

尽管客观逼真度准则提供了一种简单、方便的评价方法,但图像最终的观察者是人,根据此方法计算获得的结果往往与人们主观视觉感受的结果不一致。究其原因,均方误差和峰值信噪比是从总体上反映原始图像和色彩复原图像之间的差别,并不能反映局部的差别,对图像中所有像素点同样对待,不能反映人眼的视觉特性。该方法的优点是简单、快捷,能将误差量化表达,并且有一定的参考价值,但它没有考虑到图像失真和人类视觉系统对图像质量感知的差异,所以其准确性相对较差。

3. 视觉特性和色差的均方误差与峰值信噪比

传统利用峰值信噪比的评价方法多适用于黑白图像及灰度图像的质量评价。对于彩色图像,到目前为止没有一个较好的评价方法。因为图像最终的观察者是人,为了把主观评价和客观评价有效地结合起来,图像质量评价需要充分考虑人眼的视觉特性。基于此提出了基于人眼对比度敏感视觉特性和色差的均方误差与峰值信噪比的彩色图像质量客观评价方法。

在用色差均方误差和色差峰值信噪比评价彩色图像质量的参数计算方法中,首先将图像经过人眼对比度敏感函数的滤波处理,变换到 YC_bC_r 颜色空间,然后用色差公式计算图像每一个像素间的色差,最后计算色差均方误差和色差峰值信噪比。其具体步骤如下:

(1) 将图像转换到空间 YC_bC_r,转换关系见式(6.5)。

(2) 对 3 通道分别进行傅里叶变换。

(3) 对 3 通道进行频率域滤波处理。其中对比度敏感函数分为亮度和色度。对于亮度对比度敏感函数,在图像处理中一般采用 Movshon 和 Kiorpes 参数指数模型来描述,见式(6.6)。对于色度对比度敏感函数,由于人眼彩色对比度敏感视觉特性的相关研究较少,实验采用 Mullen 等人提供的对立色空间的对比度敏感函数,见式(6.7)。人眼对比度敏感函数滤波采用这两个函数作为频率域的滤波函数,对 3 个通道进行滤波处理。

$$\begin{bmatrix} Y \\ C_b \\ C_r \end{bmatrix} = \begin{bmatrix} -0.29900 & 0.58700 & 0.11400 \\ -0.16875 & -0.33126 & 0.50000 \\ 0.50000 & -0.41869 & -0.08131 \end{bmatrix} \begin{bmatrix} R \\ G \\ B \end{bmatrix} \tag{6.5}$$

$$CSF_{lum}(f) = 75 \cdot f^{0.2} \cdot e^{-0.8f} \tag{6.6}$$

$$CSF_{rg}(f) = a_1 \cdot e^{b_1 f_1} + a_2 \cdot e^{b_2 f_2} \tag{6.7}$$

式中，f 为空间频率，单位为周/度（cpd）。各参数参考值如表 6.2 所示。

表 6.2　式（6.7）各参数参考值

参　数	红—绿	蓝—黄
a_1	109.1413	7.0328
b_1	−0.0037	−0.0004
c_1	3.4244	4.2582
a_2	93.5971	40.6910
b_2	−0.0037	−0.1040
c_2	2.1677	1.6487

结合传统的均方误差和峰值信噪比的定义方法，提出彩色图像的感知色差均方误差和色差峰值信噪比，表达式分别为

$$\text{MSE}_c = \frac{1}{N_1 N_2} \sum_{i=0}^{N_1-1} \sum_{j=0}^{N_2-1} \left[\Delta E_s(i, j) \right]^2 \tag{6.8}$$

$$\text{PSNR}_c = \sqrt{3} \times 10 \times \lg \frac{100^2}{\text{MSE}_c} \tag{6.9}$$

式（6.8）中的 N_1、N_2 是图像行、列像素数，$\Delta E_s(i, j)$ 是对应像素点的色差值。式（6.9）中的 100 代表图像存在的最大色差，即 RGB 都为 0 和 RGB 都为 255 时的色差。色差峰值信噪比越大，图像质量越好。

6.2.3　图像质量评价新方法

1. 基于 YC_bC_r 的信息熵评价算法

人眼视觉是受神经系统调节的类似光学系统，已发现的底层心理特性有多通道、亮度非线性、视觉注意机制、掩盖效应等。为了引用方便，基于 YC_bC_r 的信息熵评价方法称作方法 1。该方法在 YC_bC_r 颜色空间进行，以人眼视觉参数信息熵作为测度指标，提出基于信息熵的人眼视觉特征相似度方法，评价色彩复原后的图像质量。

信息熵指一幅图像中包含的信息，灰度/色度级越多，说明信息量越大，具体计算如下：

$$\text{InEn} = -\sum_{i=0}^{255} P(i) \, \text{lb} P(i) \tag{6.10}$$

式中，$P(i)$ 是第 i 灰度级上像素数目分布的概率，$P(i) = 0$ 时，令 $\text{lb} P(i) = 0$。

图像均匀分布时信息熵最大，即

$$\text{InEn} = -\sum_{i=0}^{255} \text{lb}\,\frac{1}{256} = 8 \tag{6.11}$$

灰度值仅一个时信息熵为 0，即

$$\text{InEn} = -\sum_{i=0}^{255} \text{lb}1 = 0 \tag{6.12}$$

RGB 颜色空间中，彩色图像总的信息量即图像信息熵计算式为

$$\text{InEn}_C = -\frac{1}{\sqrt{3}}\sqrt{\text{InEn}_R^2 + \text{InEn}_G^2 + \text{InEn}_B^2} \tag{6.13}$$

式中，InEn_C、InEn_R、InEn_G、InEn_B 分别代表整幅图像信息熵、红色分量信息熵、绿色分量信息熵和蓝色分量信息熵。对于色彩复原图像与彩色参考图像，信息熵的值能够体现出相应图像在色彩上的信息量大小，反映色彩复原图像的质量，从而体现其色彩复原方法的优劣。

利用 PSNR 计算色彩复原图像与彩色参考图像间的灰度值差异来评价两者的相似度，其特点是计算简单，缺点是对像素间的结构关系未作考虑。将色彩复原后的图像、彩色参考图像分别在 lαβ 颜色空间中进行分解，在分解的 3 个子分量上获取质量测度。PSNR 的计算公式为

$$\text{PSNR} = 10\lg\left(\frac{255^2}{\text{MSE}}\right), \quad \text{MSE} = \frac{1}{M \times N}\sum_{i=1}^{M \times N}(x_i - \hat{x}_i)^2 \tag{6.14}$$

MSE 是彩色参考图像与色彩复原后图像间的均方误差，PSNR 通过对比图像相应像素上的灰度值差异来衡量色彩复原的图像质量。彩色参考图像与色彩复原图像的信息熵相关度如下：

$$\text{coor} = \text{en} - \text{en}' \tag{6.15}$$

式中，$\text{en} = -\sum_{i=0}^{255} P(i)\text{lb}P(i)$，$\text{en}' = -\sum_{j=0}^{255} P(j)\text{lb}P(j)$。coor、en 和 en$'$分别是信息熵相关度、彩色参考图像的信息熵、色彩复原图像的信息熵。利用信息熵可确保客观评价结果与主观感受的一致性，基于人眼视觉特征信息熵的相关度彩色质量评价函数充分利用了色彩复原图像的局部信息，包括灰度差异和结构关系，也就是通过 PSNR 与信息熵来描述色彩复原图像的信息量，具体计算为

$$\text{cef} = \sum_{p=1}^{3}(a * \text{PSNR} + b * |\text{coor}|) \tag{6.16}$$

式中，cef 是质量评价函数，p 代表颜色空间的 3 个分量，a、b 是权系数。根据评价对象的具体特点，例如灰度值差别较大时，增大 a 的比重；相似度 coor 影响显著时，增大 b 的值，动态调节权系数。具体计算归一化后为

$$\begin{cases} a = \dfrac{\text{PSNR}}{\text{PSNR} + \text{coor}} \\[3mm] b = \dfrac{\text{coor}}{\text{PSNR} + \text{coor}} \end{cases} \tag{6.17}$$

用基于信息熵的人眼视觉特征相似度方法评价色彩复原后的图像质量,评价函数值越小,相似度越高,代表复原的图像色彩质量越好。其方法流程如图 6.1 所示,具体算法流程如下:

(1) 对彩色参考图像 C 及某一褪色图像的多种色彩复原图像 C_{r1},C_{r2},…作 RGB 到 YC_bC_r 的转换,再作三维到二维的分解,分别得到各组颜色分量 l、α、β,l_1、α_1、β_1,l_2、α_2、β_2,…。

(2) 对 l、α、β 与 l_1、α_1、β_1,l、α、β 与 l_2、α_2、β_2 分别按式(6.16)计算各自的评价函数值。

(3) 输出 cef 值,评价函数值 cef 值较小的相似度大,色彩复原效果较好。

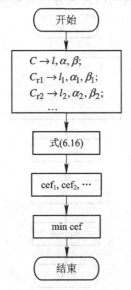

图 6.1　方法 1 质量评价流程

2. 基于 RGB 的信息熵评价算法

为了引用方便,基于 RGB 的信息熵评价算法称作方法 2。该算法在 RGB 颜色空间对数字化彩色图像的色度级进行统计分析,评价复原图像和参考图像的统计性差异;差异值越小,证明复原图像质量越好,具体计算为

$$P(i) = \frac{m}{M} \tag{6.18}$$

式中,m 为每个色度的频数,M 为像素值,$P(i)$ 就是每个色度的频率。

$$coor = \left| lbP(i)^0 - lbP(i)^1 \right| \qquad (6.19)$$

式中，$lbP(i)^0$ 是参考图像色度的频率，$lbP(i)^1$ 是复原图像色度的频率。

$$cef = \frac{\sum_{i=1}^{A} coor}{|A|} \qquad (6.20)$$

式中，A 表示图片中色度级的数量，值域为 $[1, 255]$；cef 的值域为 $[0, M]$。cef 是质量评价函数的最终值，其值越小，代表复原图像质量越好。

方法 2 的流程如图 6.2 所示，具体算法流程如下：

（1）对彩色参考图像 C 及某一褪色图像的多种色彩复原图像 C_{r1}，C_{r2}，… 作三维到二维的分解，分别得到各组颜色分量 l、α、β，l_1、α_1、β_1，l_2、α_2、β_2，…。

（2）对 l、α、β 与 l_1、α_1、β_1，l、α、β 与 l_2、α_2、β_2 分别按式（6.20）计算各自的评价函数值。

（3）输出 cef 值，评价函数值 cef 较小的相似度大，色彩复原效果较好。

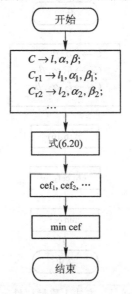

图 6.2　方法 2 质量评价流程

3. 两种方法的对比与总结

方法 2 在方法 1 的基础上进行，在实验过程中，式（6.16）中的 PSNR 部分几乎不起任何作用，而 coor 部分所包含的信息量既有亮度信息，又有色度信息，导致结果不稳定，对不同类型的图像会出现偏差。方法 2 删繁就简，去掉了 PSNR 部分的分量，只对色度进行分析。此方法经过实验验证，与人眼视觉评价保持了较高的一致性，而且方法简单、快捷，容易理解，作出的直方图直观、明晰。方法 1 和方法 2 的对比如表 6.3 所示。

表 6.3　方法 1 和方法 2 的对比

项　目	方法 1	方法 2
平均耗时/s	12.42	0.18
准确率/(%)	72.22	92
信息量	色度、亮度	色度

　　表 6.3 的数据来源于实验部分的 6 组图像，从表中数据可以看出，方法 1 耗时是方法 2 的 69 倍，准确率却只有 72.22%，而方法 2 的准确率能达到 92%。方法 1 虽然对亮度和色度都进行了分析，但所采用的方法是一样的，并没有区分亮度和色度的不同。方法 2 只对色度进行了分析，得出的结论却和人眼保持了较高的一致性，说明了其有效性。

　　基于视觉兴趣的测量方法从视觉心理学角度，认为视觉是一种积极的感受行为，不仅与生理因素有关，还在相当大的程度上取决于心理因素。当观察理解一幅图像时，人们往往会对某些区域产生兴趣，这些区域被称为"感兴趣区"。"感兴趣区"的质量决定了整幅图像的视觉质量，而不感兴趣区的降质有时不易察觉。尽管由于受动机、环境等因素的影响，不同人对同一幅图像的评价会产生偏差，但是对于图像中的关注区域却具有共性，集中传递了整幅图像所要表达的大部分客观信息。该方法认为引起视觉兴趣的分别为对比度、尺寸、形状、位置和前景背景等 5 个要素，在计算时需要对图像进行分块，然后对每块进行感兴趣度评估。方法 2 与基于视觉兴趣的测量方法结合使用，可大大提高客观评价的准确性。

4. 实验数据

　　实验在处理器 Intel Core i5-4210、内存 8 GB、硬盘空间 500 GB 及 Matlab R2014a 下完成，用到的 6 组图像分别如图 6.3～图 6.8 所示。

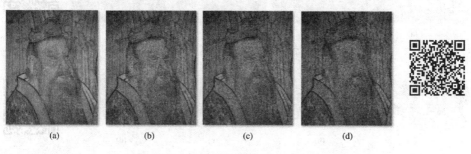

(a)　　　　　(b)　　　　　(c)　　　　　(d)

图 6.3　质量评价图像 1

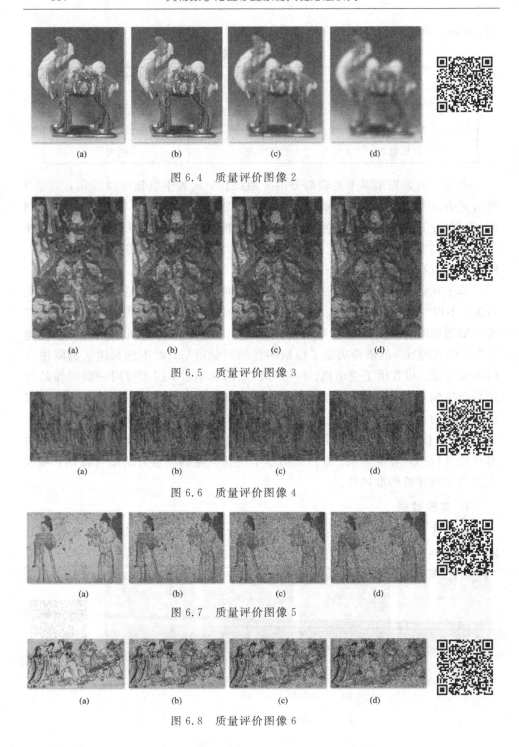

图 6.4　质量评价图像 2

图 6.5　质量评价图像 3

图 6.6　质量评价图像 4

图 6.7　质量评价图像 5

图 6.8　质量评价图像 6

5. 实验结果

对 6 组图像(如图 6.3～图 6.8 所示,(a)为参考图像,(b)、(c)、(d)分别为复原图像,且已知(b)优于(c),(c)优于(d))分别采用 PSNR、方法 1、方法 2 在 RGB 和 YC_bC_r 颜色空间进行质量分析,数据如表 6.4 所示。

表 6.4　实 验 结 果

对比图	PSNR			方法 1			方法 2		
1	24.06	24.06	24.06	69.04	69.01	72.19	0.69	0.76	0.83
2	24.06	24.06	24.06	69.79	69.71	72.19	0.09	0.34	0.46
3	24.06	24.06	24.06	67.52	67.49	72.19	0.58	0.67	0.79
4	24.06	24.06	24.06	68.27	68.26	72.19	0.91	1.02	1.13
5	24.06	24.06	24.06	67.51	67.5	72.19	0.69	0.78	0.87
6	24.06	24.06	24.06	68.77	68.85	72.19	0.31	0.39	0.47

对方法 1 和方法 2 进行对比,在已知相似度的情况下,运行软件进行测试,所得结果如图 6.9～图 6.14 所示。

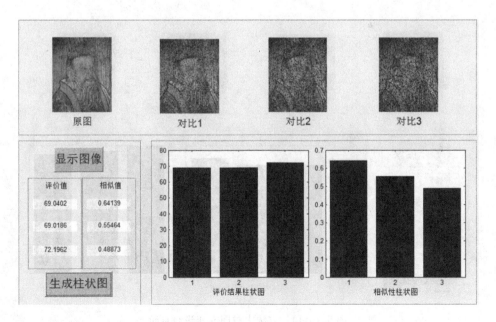

图 6.9(1)　方法 1 对图 6.3 进行评价

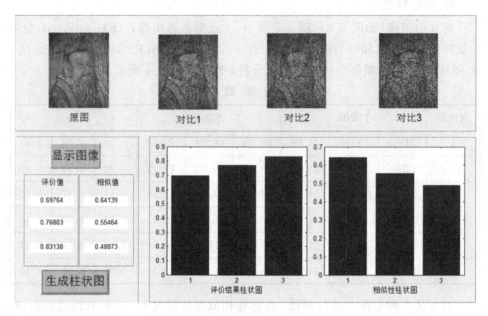

图 6.9(2)　方法 2 对图 6.3 进行评价

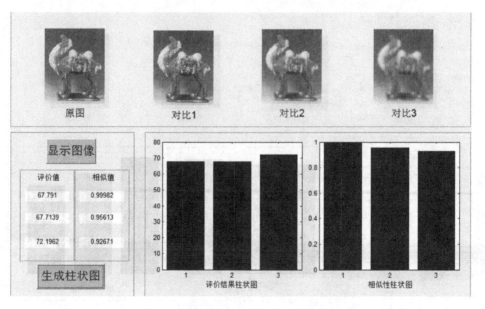

图 6.10(1)　方法 1 对图 6.4 进行评价

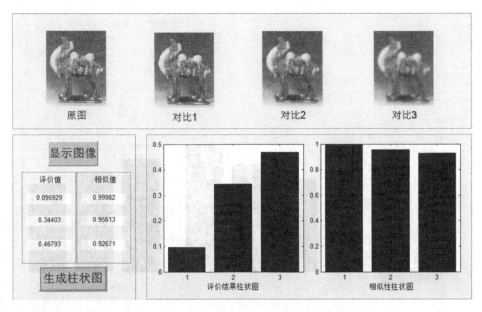

图 6.10(2)　方法 2 对图 6.4 进行评价

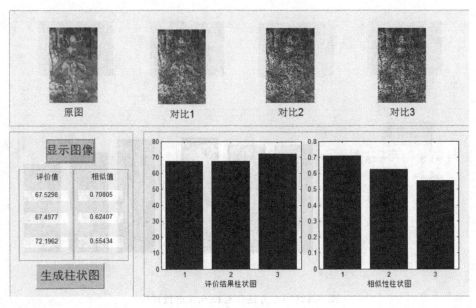

图 6.11(1)　方法 1 对图 6.5 进行评价

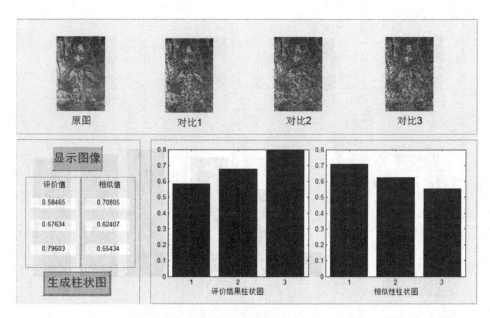

图 6.11(2) 方法 2 对图 6.5 进行评价

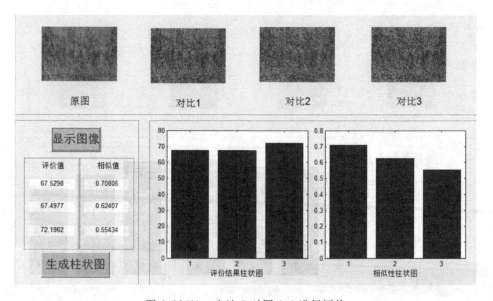

图 6.12(1) 方法 1 对图 6.6 进行评价

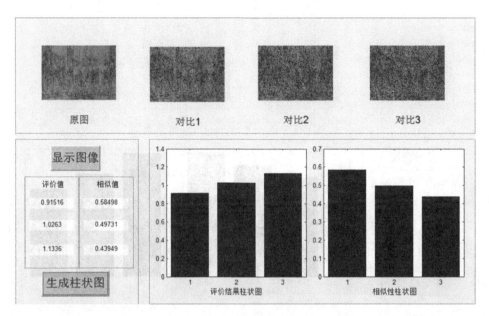

图 6.12(2)　方法 2 对图 6.6 进行评价

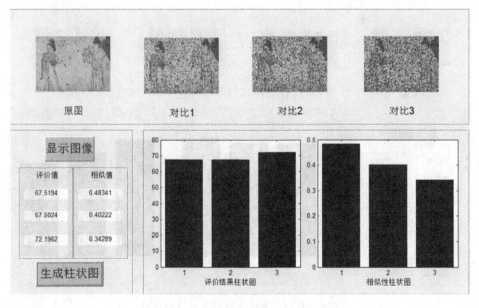

图 6.13(1)　方法 1 对图 6.7 进行评价

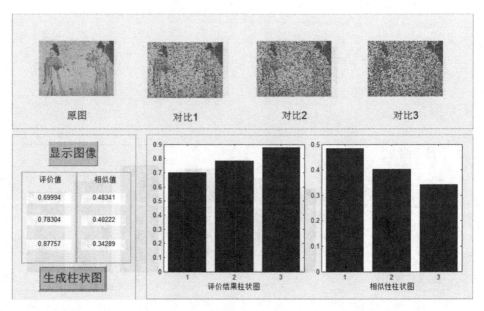

图 6.13(2)　方法 2 对图 6.7 进行评价

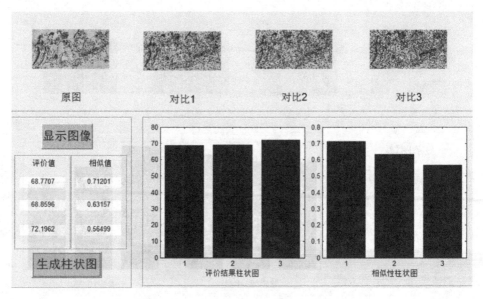

图 6.14(1)　方法 1 对图 6.8 进行评价

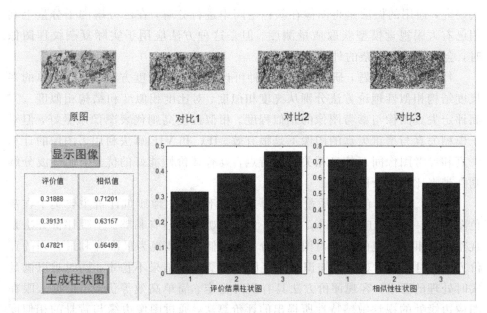

图 6.14(2)　方法 2 对图 6.8 进行评价

6. 实验分析

　　根据表中数据和图 6.9～图 6.14 的分析，方法 1 只在对第 6 组图像的算法分析中取得了正确的结果，在对其他 5 组图像的算法分析中，(b)和(c)的对比值有较小差异，产生了不确定性，无法判断谁优谁劣；方法 2 对所有的图像都进行了正确分析，准确度较好，并且在计算过程中时间的消耗比其他两种方法少。实验充分验证了方法 2 与人眼视觉评价保持了较高的一致性，而且此方法简单、快捷，能将误差量化表达。

6.3　彩色文物图像复原的质量评价

　　在第 5 章中，已对褪色文物表面纹理图像的色彩复原问题介绍了两种新的解决方法，分别是基于 ICA 与混合色彩距离的改进颜色迁移方法和采用联合 SVM 的回归预测色彩复原方法。色彩复原后的彩色纹理图像质量如何，需要相应的评价方法对其优劣进行评价。

　　图像质量评价在图像处理的诸多领域(图像压缩、图像增强、信息隐藏、图像传输与图像复原)中都是十分重要的研究内容，主观评价法准确但是耗时耗力。传统客观评价法(如 PSNR 峰值信噪比)因计算简单而被广泛应用，但对人眼视觉特征未进行考虑。近年来研究者趋向于人眼视觉特征的图像质量评价方法研究，通用的做法是将图像在颜色空间中进行分解，在已分解的子分量上利用已有人眼视觉模型获取质量测度。但是这种方法应用于实际复杂纹理图像时，会带来比较复杂的计算。

针对这样的问题，研究者提出各种可计算的质量测度方法。计算简单的多尺度结构相似性理论方法分别从亮度相似度、对比度相似度和结构相似度三方面评定失真图像与参考图像的相似程度。相似程度高则代表图像质量好，但对于模糊失真与严重失真的图像不是很有效。IFC 和 VIF 算法利用了图像的计算失真和参考图像间互信息相关性的特点，具有评价性能好的优点，而小波分解则会带来比较复杂的计算。

目前，有关彩色图像质量评价的方法还不多，图像质量评价主要集中在灰色图像上。从具体应用来讲，主观评价和客观评价各有利弊。主观评价方法是观察者按事先制定的标准对图像打分，高优低劣，被视为最准确和最合理的评价方法，但是受到观察者知识水平等因素的影响，结果不稳定，同时难以满足实时处理的要求；客观评价方法具有实时稳定、简单高效等优点。根据人眼在图像边缘处的视觉敏感特性所提出的评价算法，通过图像边缘与背景的相似度来综合评价彩色图像质量，整个过程分 4 步完成。首先，在 RGB 空间中利用梯度法提取彩色参考图像和彩色失真图像边缘；其次，分块计算边缘相似度再加权平均得到失真图像的边缘相似度；再次，分块计算参考图像与失真图像相关系数而获得整个图像的背景相似度；最后，以边缘与背景相似度来评价图像质量。通常从一幅图像的客观保真度、视觉失真度和清晰度三方面综合评价彩色图像质量。

客观保真度作为横向评价标准，由均值定义的亮度函数、方差定义的对比度函数与结构函数共同决定。视觉失真度作为纵向评价标准，指图像对噪声的敏感程度。清晰度用图像在频域上的失真程度作评价依据。利用色度信息，通过对三维矩阵作离散余弦变换建立评价函数，评价结果与人眼视觉能很好地保持一致，且优于 PSNR 的传统评价方法。利用图像质量的人眼视觉感知四参数——信息熵、平均对比度、平均灰度以及关键区域标准差，建立综合彩色图像质量评价函数。针对色彩复原后的效果，本节在现有知识基础上基于人眼视觉特征研究彩色图像质量客观评价的参数测度方法与适当的评价函数。

6.3.1　人眼视觉彩色图像质量参数分析

图像是人类视觉感知的基础，在人类知识的获取中占有十分重要地位。图像质量评价是衡量图像优劣的指标，其重要作用体现在：衡量视频监控系统的图像质量；调整或改善视频图像处理的系统与算法；最佳化嵌入视频图像处理系统的算法和参数设置及底层的图像数据挖掘。

人类视觉对图像质量的判别主要通过 4 项特征体现：首先是适当的光照度，低光照环境下的图像质量较差；其次是不同的灰度/色度信息；第三是灰度/色度信息的适当的空间分布，即对比度；最后是低噪声。对这 4 项特征进行分析和提取，形成基于人类视觉的图像质量评价，继而获取图像的质量评价指标，具体内容如图 6.15 所示。

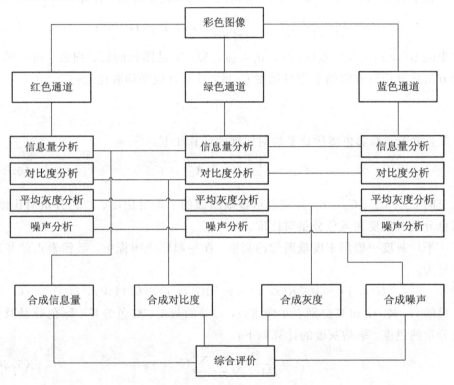

图 6.15　人类视觉图像质量评价

按照图 6.15 中的内容，针对一幅彩色图像，分别从红、绿、蓝 3 个颜色通道进行信息量、对比度、平均灰度和噪声 4 方面的分析，分别得到合成信息量、合成对比度、合成灰度及合成噪声 4 项关于彩色图像质量的评价指标，然后供综合评价作为判断依据。

彩色图像质量客观评价的目标是让计算机用特征参数建立的评价模型代替人对图像质量的视觉判断结果。一幅彩色图像有 4 项基本可客观测量的物理特征，利用这 4 项参数，可建立彩色图像质量评价概念模型，同时在实时性、一致性等方面利用计算机优势，可超越人的辨识能力。因此彩色图像质量评价主要体现在建立特征参数的数学模型和特征参数的测量方法上。

平均对比度指的是人类视觉在图像目标与背景上的灰度/色度差异。对比度与不同灰度/色度的空间分布有关,定义为

$$C = \mathrm{abs}[L_t - L_b] \tag{6.21}$$

式中,C 表示对比度,L_t 与 L_b 分别表示目标、背景的灰度/色度值,abs 代表平均函数。

在上式基础上,以一幅图像行方向的平均对比度为例,计算如下:

$$C_{ai} = \frac{1}{(M-1)(N-1)} \sum_{j=0}^{N-2} \sum_{i=0}^{M-2} |G(i, j) - G(i+1, j)| \tag{6.22}$$

这里的 $G(i, j)$ 是像素点 (i, j) 处的灰度,M、N 是图像的行、列数。通过同样的方法计算出列方向的平均对比度 C_{aj} 后,计算合成平均对比度:

$$C_a = \frac{1}{\sqrt{2}} \sqrt{C_{ai}^2 + C_{aj}^2} \tag{6.23}$$

于是,关于一幅彩色图像总平均对比度的计算如下:

$$C_{aC} = \frac{1}{\sqrt{3}} \sqrt{C_{aR}^2 + C_{aG}^2 + C_{aB}^2} \tag{6.24}$$

这里的 C_{aC}、C_{aR}、C_{aG}、C_{aB} 分别表示整幅图像的平均对比度、红色分量对比度、绿色分量对比度和蓝色分量对比度。

平均灰度一般用来度量图像的亮度。在一幅彩色图像中,某像素点的灰度计算为

$$G(i, j) = 0.3\mathrm{R}(i, j) + 0.59\mathrm{G}(i, j) + 0.11\mathrm{B}(i, j) \tag{6.25}$$

这里的 G、R、G 和 B 分别表示像素 (i, j) 处的灰度、红色分量、绿色分量及蓝色分量的色度。平均灰度的计算如下:

$$G_a = \frac{1}{M \times N} \sum_{i=0}^{N-1} \sum_{j=0}^{M-1} G(i, j) \tag{6.26}$$

关键区域噪声指的是图像灰度/色度值在均值附近的涨落,一般通过方差或标准差来衡量,且取图像中的均匀小块(称作关键区域)进行测量。对应的灰度/色度标准差计算如下:

$$D_{sK} = \left(\frac{1}{N} \sum_{i=1}^{N} x_i - \mu \right)^{1/2} \tag{6.27}$$

式中,x_i 表示像素的灰度/色度值,μ 表示图像的灰度/色度均值。彩色图像的关键区域色度标准差为

$$D_{sCK} = \frac{1}{\sqrt{3}} \sqrt{D_{sR}^2 + D_{sG}^2 + D_{sB}^2} \tag{6.28}$$

式中，D_{sR}^2、D_{sG}^2 和 D_{sB}^2 分别表示关键区域的红色、绿色和蓝色分量的色度标准差。

6.3.2　人眼视觉特征相关度彩色质量评价

人类经过漫长的进化过程而产生人眼视觉系统，并成为人类活动中的高级系统。基于该系统的心理与生理研究成果已为图像主观和客观评价的一致性提供了有利参考。在彩色图像质量评价的客观评价研究中，模拟人眼视觉系统得到了较好的认可。人眼视觉是类似的光学系统，且受神经系统的调节。目前已发现一些与人眼视觉系统对应的底层心理特性，包括多通道、亮度非线性、视觉注意机制及掩盖效应等。多通道特性指视觉神经元对颜色、频率和方向等视觉信息具有不同的敏感性（其中，水平、垂直方向最敏感），并且各向异性。亮度非线性指在绝对亮度与亮度上相对差异的判断不同，后者的灵敏度较高。

本节在不增加明显计算量的前提下，利用人眼视觉参数信息熵并结合广泛应用的峰值信噪比 PSNR 作为测度指标，介绍基于信息熵的人眼视觉特征相关度方法，并利用该方法评价色彩复原后的图像质量。PSNR 通过计算色彩复原图像与彩色参考图像间灰度值的差异进行评价，具有计算简单的特点；缺点是对像素间的结构关系未予考虑。将色彩复原后的图像、彩色参考图像分别在 lαβ 颜色空间中进行分解，然后在分解的三个子分量上分别获取质量测度。PSNR的计算如下：

$$\begin{cases} \mathrm{PSNR} = 10\lg\left(\dfrac{255^2}{\mathrm{NSE}}\right) \\ \mathrm{MSE} = \dfrac{1}{M \times N} \sum_{i=1}^{M \times N} (x_i - \hat{x}_i)^2 \end{cases} \tag{6.29}$$

式中，MSE 是彩色参考图像与色彩复原图像间的均方误差。PSNR 通过对比图像相应像素上的灰度值差异衡量色彩复原图像的质量。彩色参考图像与色彩复原图像的信息熵相关度如下：

$$\begin{cases} \mathrm{coor} = \mathrm{en} - \mathrm{en}' \\ \mathrm{en} = -\sum_{i=0}^{255} P(i)\mathrm{lb}P(i) \\ \mathrm{en}' = -\sum_{j=0}^{255} P(j)\mathrm{lb}P(j) \end{cases} \tag{6.30}$$

这里的 coor、en 和 en′ 分别是信息熵相关度、彩色参考图像的信息熵和色彩复原图像的信息熵。通过信息熵特征可保持客观评价结果与人主观感受的一致性，基于人眼视觉特征的相关度彩色质量评价函数为

$$cef = \sum_{p=1}^{3} (a * PSNR + b * |coor|) \tag{6.31}$$

式中，cef 表示质量评价函数；p 是颜色空间子向量数，包括 l、α、β 三个分量；a、b 是权系数，根据评价对象的具体特点，如灰度值差别较大时增大 a 的比重，相关度 coor 影响突出时增大 b 的值，来动态调节权系数。

通过基于信息熵的人眼视觉特征相关度方法来评价色彩复原后的彩色图像质量，评价函数值越小时，代表复原的色彩质量越好，具体算法流程见6.2.3 节。

图 6.16 是验证色彩复原方法的 5 组文物图像，按照行的顺序，分别表示彩色参考图像、经典 Welsh 方法颜色迁移的色彩复原效果及基于 ICA 技术与混合距离测度的色彩复原效果。对于 3 行 5 组不同方法产生的文物图像，利用上述基于人眼视觉特征的相关度彩色质量评价函数分别进行结果评价。

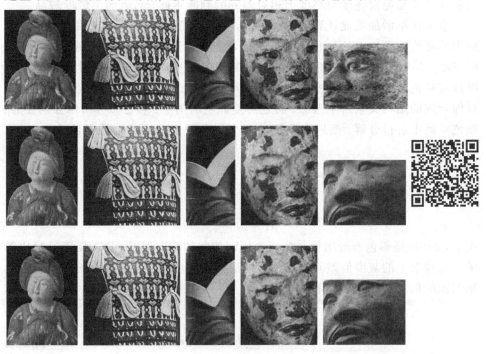

图 6.16　色彩复原质量评价图像

取 $a=0.4$，$b=0.6$，利用式(6.31)计算图 6.16 对应的质量评价参数，计算结果见表 6.5。从表 6.5 中的参数值可看出，基于 ICA 技术与混合距离测度的改进色彩复原方法评价参数值小于 Welsh 方法的评价参数值，表明前者复原的彩色图像与彩色参考图像的相关度较大，即基于 ICA 技术与混合距离测度的色彩复原效果优于经典 Welsh 方法，这一结果与人眼视觉对两种方法色彩复原效果的主观感受一致，说明了式(6.31)评价函数的有效性。

表 6.5　质量评价参数

图　号	Welsh 色彩复原算法	改进色彩复原方法
1	140.70	130.77
2	136.21	126.64
3	41.78	37.60
4	62.55	57.09
5	52.20	51.61

6.3.3　关于色彩复原质量评价方法的性能

　　色彩复原质量评价方法的理想目标是与人眼视觉感受一致，同时能够具有针对不同环境下不同图像的通用性和稳定性，并且结果具有准确、一致、单调和稳定的特点。图 6.17 给出了评价方法的性能评价过程，即在对某种客观质量评价方法的准确性进行判断时，从人为的主观质量评价和客观质量评价方法两方面同时进行图像质量的评价，并对结果作比较，与主观质量评价结果越相近的方法被认为性能越好。

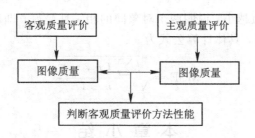

图 6.17　关于色彩复原质量评价方法的性能评价

　　对色彩复原图像质量评价方法进行性能评价时，首先选择样本数据库，然后用待评价的方法来评价样本图像，最后比较客观评价结果与主观评价结果。为了衡量一致性，视频质量专家组提出 4 个客观评价结果与主观评价结果一致性紧密程度的验证指标，分别是斯皮尔曼相关系数(SROCC)、肯德尔相关系数(KROCC)、皮尔逊相关系数(PLCC)和均方误差(MSE)。KROCC

与 SROCC 用来衡量评价结果的单调性，通过数据点的等级次序来衡量，但是对数据点间的相对距离未作考虑。PLCC 评价的是主观评价值和客观评价值非线性回归后的相关性。MSE 指的是客观评价值非线性回归后，与主观评价值间的均方误差，常用的非线性回归方法为 Logistic 函数。当主观评价结果和客观评价结果一致性最紧密时，SROCC、KROCC 及 PLCC 的值较大，而 MSE 的值较小。

假设 x 是主观评价结果的数组值，y 表示客观评价结果的数组值，n 为其数组长度。SROCC 表示对目标数组 x、y 的排序大小作线性相关分析，需先对 x、y 按由大到小的顺序进行排序，原数组中 x_i、y_i 排序后的顺序分别记为 x_j、y_j。SROCC 的计算公式为

$$\text{SROCC} = 1 - \frac{6 \sum (x_j - y_j)^2}{n(n^2 - 1)} \tag{6.32}$$

与 SROCC 类似，KROCC 同样适用于对象数组有序的情况，具体计算公式为

$$\text{KROCC} = (P - Q) \frac{2}{n(n-1)} \tag{6.33}$$

x 的等级顺序和 y 的等级顺序相同时，称为和谐，其他情况称为不和谐。这里的 P 指和谐数组对的个数，Q 表示不和谐数组对的个数，n 代表样本容量。

PLCC 在 $[-1,1]$ 间对称性取值，定义为两个对象协方差和标准差的商，用来度量两个线性变量间的相关性强弱关系，具体计算公式为

$$\text{PLCC} = \frac{\text{cov}(x, y)}{\sigma_x \sigma_y} = \frac{E(x - \mu_x)(y - \mu_y)}{\sigma_x \sigma_y} \tag{6.34}$$

对于 MSE，值越小，说明两个对象间的相关性越好，即离散程度的概念与以上 3 个系数不同，具体计算公式为

$$\text{MSE} = \sqrt{\frac{\sum (x_i, y_i)^2}{n-1}} \tag{6.35}$$

本 章 小 结

色彩复原图像的质量评价是复原方法的客观判断指标。本章首先通过分析研究背景，对彩色图像质量评价的相关研究作了总结，分析了彩色图像质量评价方法的研究现状，介绍了基于人眼视觉的 4 类彩色图像质量参数，并对色彩复原质量评价方法性能的评价指标进行了讨论；然后介绍了人眼视觉系统的相关知识、几种常用的颜色空间模型及几种常用的彩色图像质量评价方法；基于

以上知识，介绍了方法 1，结合峰值信噪比（PSNR），在 YC_bC_r 颜色空间提取了亮度和色度的信息熵，计算后得出相应的参数，作为最后的彩色图像质量评价值；方法 2 舍弃了无关量 PSNR，并对信息熵作了简化，只对色度进行分析，取消了对亮度的分析，不仅简化了计算量，而且更易于操作；最后针对文物图像色彩复原的质量评价，分析了基于人眼视觉特征相关度的彩色图像质量评价方法，并对评价方法的性能指标进行了描述。

参 考 文 献

[1]　KHOSRAVI M H，HASSANPOUR H. Blind Quality Metric for Contrast-Distorted Images Based on Eigendecomposition of Color Histograms[J]. IEEE Transactions on Circuits and Systems for Video Technology，2019(99)：1 - 13.

[2]　DAI T，GU K，NIU L，et al. Referenceless quality metric of multiply-distorted images based on structural degradation[J]. Neurocomputing，2018：S0925231218301905.

[3]　QIU J，XU H，YE Z，et al. Image quality degradation of object-color metamer mismatching in digital camera color reproduction[J]. Applied Optics，2018，57(11)：2851 - 2862.

[4]　YAN Y，DU S，ZHANG H，et al. When spatial distribution unites with spatial contrast： an effective blind image quality assessment model[J]. Iet Image Processing，2017，10(12)：1017 - 1028.

[5]　QI J，LU W，YANG S，et al. Natural Image Dehazing Based on Lo Gradient Minimization[C]. International Conference on Intelligence Science and Big Data Engineering，Suzhou，China：Springer，2015，9242：603 - 610.

[6]　LI C，BOVIC A C. Three-component weighted structural similarity index[C]，Proc of SPIE. 2009：72420Q - 72420Q - 9.

[7]　CHANDLER D M，HEMAMI S S. VSNR：a wavelet-based visual signal-to-noise ratio for natural images[J]. IEEE Trans on Image Process，2007，16(9)：2284 - 2298.

[8]　WANG Z，BOVIK A C. Modern image quality assessment [M]. New York：Morgan and Claypool Publishing Company，2006：20 - 30.

[9]　WANG Z，BOVIK A C，Shelkh H R，et al. Image quality assessment：from error visibility to structural similarity[J]. IEEE Trans on Image Processing，2004，13(4)：600 - 612.

[10]　张文娟，张丽丽，王艳红. 基于非局部结构张量的 SSIM 图像质量评价方法[J]. 计算机应用研究，2017(10)：288 - 290.

[11]　孙雯雯. 基于感兴趣区域的离焦模糊虹膜图像质量评价方法[D]. 2016.

[12]　李娜，周蓬勃，耿国华，等. 色彩复原图像的质量评价方法[J]. 计算机应用，2016，36(6)：1673 - 1676.

[13] 刘亚梅. 基于梯度边缘最大值的图像清晰度评价[J]. 图学学报, 2016, 37(2): 237 - 242.

[14] 胡义坦, 曹杰. 基于边缘特征和亮度的彩色图像质量评价[J]. 电子设计工程, 2014, 01 - 0156 - 03.

[15] 任雪, 孙涵, 张金国. 一种新的基于局部特征的图像质量评价方法[J]. 中国图象图形学报, 2010, 15(8): 1236 - 1243.

[16] 何小波. 基于人眼视觉特性的图像质量客观评价方法研究[J]. 中国图象图形学报, 2010, 15(8): 1236 - 1243.

[17] 庞全, 王振华, 耿丽硕, 等. 基于分形维数的图像质量客观评价方法研究[J]. 中国图象图形学报, 2009, 14(4): 657 - 662.

[18] 庞建新, 张荣, 张晖, 等. 图像结构失真的编码质量评价[J]. 中国图象图形学报, 2009, 14(8): 1560 - 1568.

[19] 田金沙. 基于人眼视觉特性的图像质量评价方法研究[J]. 中国图象图形学报, 2009, 14(8): 1560 - 1568.

[20] 朱里, 李乔亮, 张婷, 等. 基于结构相似性的图像质量评价方法[J]. 光电工程, 2007, 34(11): 108 - 113.

[21] 王涛, 高新波, 张都应. 一种基于内容的图像质量评价测度[J]. 中国图象图形学报, 2007, 12(6): 1002 - 1007.

[22] 黄小乔, 石俊生, 杨健, 等. 基于色差的均方误差与峰值信噪比评价彩色图像质量研究[J]. 光子学报, 2007, 36(B06): 295 - 298.

第 7 章

基于共线方程的多视角透视配准

前述内容主要研究了褪色文物的色彩复原相关方法，本章在色彩复原后的多视角纹理图像基础上，研究 2D 与 3D 拟合的关键技术——相机标定的数学过程，获取褪色文物多视角透视投影的矩阵方程组，并分析其计算过程。

7.1　相　机　标　定

三维纹理重建的主要工作是建立现实中观测点与图像中像素点的对应关系。将三维物体映射为二维图像的器材是相机，所以纹理重建主要的研究内容是相机透视投影过程的求解与逆变换。求解涉及特征点提取、内参标定和外参标定；逆变换则指的是求解后的映射。本节从物理和数学角度说明相机标定中的各类数学关系，并根据已有的解决方法，分析重建面临的具体问题。

7.1.1　问题描述

1. 小孔成像数学模型

小孔相机采用的是三维几何转二维图像模型，而实际应用中是采用透镜来模拟小孔相机，这会产生图像畸变、景深等光学问题。通过镜片组、畸变矫正等技术能够将普通相机的成像效果矫正为非常接近针孔相机的效果，所以相机标定可近似应用小孔成像模型。

利用小孔成像模型可得出相机数学模型，如图 7.1 所示。图 7.1(a)表示世界坐标系中的点 $P(X, Y, Z)$ 经光线透过透镜，于平面上的成像点 $p(x, y)$，f 表示透镜的焦距；图 7.1(b)表示简化后的小孔成像模型，所有到达投影中心点 O 的光线均经过前端图像平面，Q、q 分别为对应的三维、二维坐标点。

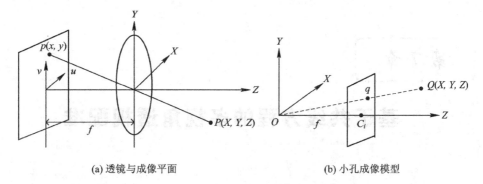

(a) 透镜与成像平面　　　　　　　　(b) 小孔成像模型

图 7.1　小孔成像模型

结合小孔成像模型、三角形相似及投影几何原理，世界坐标系中的点 Q 映射到图像坐标系中的点 q 的投影用数学模型表示为

$$\begin{bmatrix} u_i \\ v_i \end{bmatrix} = \begin{bmatrix} f_u & 0 & C_u \\ 0 & f_v & C_v \end{bmatrix} \begin{bmatrix} \dfrac{X}{Z} \\ \dfrac{Y}{Z} \\ 1 \end{bmatrix} \tag{7.1}$$

式中，等式左边表示像素坐标，右边包含三维世界坐标点。(C_u, C_v) 是图像坐标系原点在像素坐标系中的坐标；f_u、f_v 分别表示像素在横纵坐标轴上的焦距。

2. 三类坐标系间的相互关系

下面研究并讨论相机标定的坐标系问题，针对世界坐标系 (X_w, Y_w, Z_w)、相机坐标系 (X_c, Y_c, Z_c)、图像坐标系（包括物理坐标系 (x, y) 以及像素坐标系 (u, v)）之间的相互关系作详细分析。

三类坐标系间的物理关系与对应的几何关系分别如图 7.2 和图 7.3 所示。

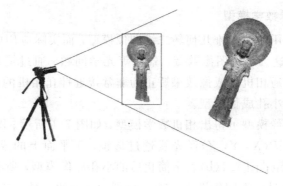

图 7.2　三类坐标系间的物理关系

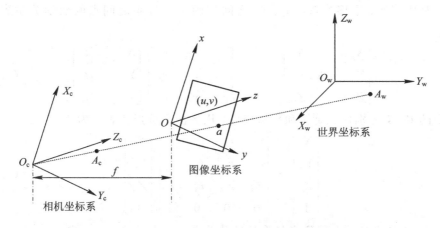

图 7.3　三类坐标系间的几何关系

　　图像坐标系中的 x、u 轴与 y、v 轴分别平行于相机坐标系中的 X_c、Y_c 轴，坐标系原点 O_c 和 O 在一条直线上，f 表示的是相机的焦距，两类坐标系有所关联。$A_c A_w$ 为一条贯穿三类坐标系的透视投影线，表示同一点在三类坐标系中的落点。相对前两类坐标系，世界坐标系具有任意性。本小节的目的是以相机坐标系为中介，以小孔模型和透视投影原理为基础，最终建立图像像素坐标点与世界坐标系中三维空间几何点的数学对应关系，从而实现实拍照片纹理到几何模型的纹理映射。后面内容将分别对相机坐标系和世界坐标系、相机坐标系和图像坐标系的数学关系进行说明，继而变换出图像坐标系和世界坐标系的数学关系。

　　1）相机坐标系和世界坐标系的数学关系

　　根据小孔成像模型，相机将空间点投影到平面点需两种变换，即旋转和平移，如图 7.4 所示。

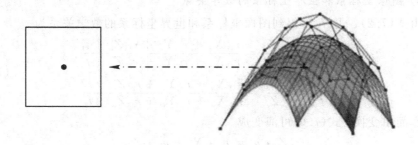

图 7.4　三维到二维的旋转、平移

利用旋转、平移关系，A_c、A_w 之间即两类坐标系之间点的数学关系表示如下：

$$\begin{bmatrix} X_c \\ Y_c \\ Z_c \end{bmatrix} = \mathbf{R} \begin{bmatrix} X_w \\ Y_w \\ Z_w \end{bmatrix} + \mathbf{T} = \begin{bmatrix} r_{11} & r_{12} & r_{13} \\ r_{21} & r_{22} & r_{23} \\ r_{31} & r_{32} & r_{33} \end{bmatrix} \begin{bmatrix} X_w \\ Y_w \\ Z_w \end{bmatrix} + \begin{bmatrix} t_1 \\ t_2 \\ t_3 \end{bmatrix} \tag{7.2}$$

式中的 $\mathbf{R}$、$\mathbf{T}$ 分别代表旋转和平移变换，用齐次坐标形式表示为

$$\begin{bmatrix} X_c \\ Y_c \\ Z_c \\ 1 \end{bmatrix} = \begin{bmatrix} r_{11} & r_{12} & r_{13} & t_1 \\ r_{21} & r_{22} & r_{23} & t_2 \\ r_{31} & r_{32} & r_{33} & t_3 \\ 0 & 0 & 0 & 1 \end{bmatrix} \begin{bmatrix} X_w \\ Y_w \\ Z_w \\ 1 \end{bmatrix} \tag{7.3}$$

2）相机坐标系和图像坐标系的数学关系

在图 7.3 中，结合相似三角形原理，相机坐标系中的点与图像物理坐标系中的点的数学关系可表示为

$$\begin{cases} x = \dfrac{f \cdot X_c}{Z_c} \\ y = \dfrac{f \cdot Y_c}{Z_c} \end{cases} \tag{7.4}$$

图像物理坐标系与图像像素坐标系的关系为

$$\begin{cases} u - u_0 = \dfrac{x}{d_x} = \dfrac{f \cdot X_c}{d_x Z_c} = \dfrac{1}{d_x} \cdot f \cdot \dfrac{X_c}{Z_c} = f_x \cdot \dfrac{X_c}{Z_c} \\ v - v_0 = \dfrac{y}{d_y} = \dfrac{f \cdot Y_c}{d_y Z_c} = \dfrac{1}{d_y} \cdot f \cdot \dfrac{Y_c}{Z_c} = f_y \cdot \dfrac{Y_c}{Z_c} \end{cases} \tag{7.5}$$

式中，u_0、v_0 为图像中心坐标，f_x、f_y 为两坐标轴上的等效焦距，这 4 个参数值由相机内部参数决定。

3）图像坐标系和世界坐标系的数学关系

由式（7.2）、式（7.5）得到图像坐标系和世界坐标系的数学关系为

$$\begin{cases} \dfrac{u - u_0}{f_x} = \dfrac{X_c}{Z_c} = \dfrac{r_{11} X_w + r_{12} Y_w + r_{13} Z_w + t_1}{r_{31} X_w + r_{32} Y_w + r_{33} Z_w + t_3} \\ \dfrac{v - v_0}{f_y} = \dfrac{Y_c}{Z_c} = \dfrac{r_{21} X_w + r_{22} Y_w + r_{23} Z_w + t_2}{r_{31} X_w + r_{32} Y_w + r_{33} Z_w + t_3} \end{cases} \tag{7.6}$$

作简单变换，式（7.6）可演变成

$$\begin{cases} Z_c \cdot u = f_x \cdot X_c + u_0 \cdot Z_c \\ Z_c \cdot v = f_y \cdot Y_c + v_0 \cdot Z_c \end{cases} \tag{7.7}$$

结合式（7.3），式（7.7）用齐次坐标形式表示为

$$Z_c \begin{bmatrix} u \\ v \\ 1 \end{bmatrix} = \begin{bmatrix} f_x & 0 & u_0 & 0 \\ 0 & f_y & v_0 & 0 \\ 0 & 0 & 1 & 0 \end{bmatrix} \begin{bmatrix} X_c \\ Y_c \\ Z_c \\ 1 \end{bmatrix} = \begin{bmatrix} f_x & 0 & u_0 & 0 \\ 0 & f_y & v_0 & 0 \\ 0 & 0 & 1 & 0 \end{bmatrix} \begin{bmatrix} r_{11} & r_{12} & r_{13} & t_1 \\ r_{21} & r_{22} & r_{23} & t_2 \\ r_{31} & r_{32} & r_{33} & t_3 \\ 0 & 0 & 0 & 1 \end{bmatrix} \begin{bmatrix} X_w \\ Y_w \\ Z_w \\ 1 \end{bmatrix}$$

$$(7.8)$$

式(7.8)即摄影测量学中物点、光心、像点组成的共线方程。根据此方程，在已知若干对应特征点坐标时，可求解相机内参与外参，从而获得模型任意点二维纹理信息到三维几何表面的映射关系。

7.1.2　常用的相机标定方法

相机标定的实质是确定相机内参(几何和光学参数)、外参(相对于世界坐标系的方位)的过程，具体是从摄影测量学角度建立相机图像与世界物体间的数学关系模型，关系模型的求解(参数估计)可在齐次坐标系下完成。

除了共线方程表示的关系外，实际中的小孔成像模型存在透镜畸变。这些畸变主要有光学镜头径向曲率变化引起的径向畸变、装配误差引起的偏心畸变和制造误差引起的薄棱镜畸变。在相机标定过程中，这几项畸变通常不作为主要考虑的因素。

目前，相机标定有以下 3 种主要方法：

(1) 基于标定物的交互式方法，特点是精度高，但过程复杂。

(2) 主动视觉方法，特点是操作复杂。

(3) 自标定方法，特点是自动化程度高，但精度不如方法(1)。

在具体项目应用中，多以方法(1)为主要研究方向。前人的研究成果以下列为代表：20 世纪 70 年代初 Karara 提出的 DLT(Direct Linear Transformation)方法，从摄影测量学角度研究相机图像和物体间的关系，建立相机成像透视投影矩阵的线性模型，模型估计采用线性方程的求解方法；20 世纪 80 年代 Tsai 提出的 RAC(Radial Alignment Constraint)方法，径向一致约束是其核心，该方法的优点是涉及的方程大多是线性方程，降低了求解难度，使得标定过程快捷、准确；张正友平面标定法是假设世界坐标系的 $Z=0$，在避免前两种方法对标定设备要求高等缺点的同时，提供了较高的精度；胡占义和孟晓桥的平面圆标定方法，基于仿射不变性计算参数，稳定性好；吴毅红的平行圆标定方法，具有计算简单的优点。

张正友的方法不考虑相机内参，认为点云构成的几何模型法向量与二维纹理照片的法向量经旋转、平移后重合；对于深度点与彩色点不对齐的问题，提出手工标注明显特征对应点的方法。其存在的局限性体现在两方面：对于相机出厂设置精度不高时，造成深度相机和彩色相机不能对齐；几何模型中的点很难与纹理图像中的点具体对应。若将点云采集设备视为摄像机，用彩色相机标定方法实现其与纹理采集相机的标定工作，但是当存在畸变时，两类相机的畸变本质发生改变，透视投影原理不再适用，同时拍摄条件要求严格。Daniel 利用标定平板标出内参矩阵，提出迭代方式的非线性优化方法求解参数，存在算法的稳定性以及非线性优化是否可解的问题。

7.2 透视投影矩阵求解方法

基于相机标定的多视角色彩纹理重建对多个透视投影矩阵进行求解，需消去分母，再固定纹理的图像中心，得到式(7.9)，表示某个视角的透视投影方程组。其中，未知数共有 12 个，即 r_{11}、r_{12}、r_{13}、r_{21}、r_{22}、r_{23}、r_{31}、r_{32}、r_{33}、t_1、t_2、t_3，不考虑正交矩阵的独立变量，需 12 个方程组成方程组来求解。

$$
\begin{cases}
f_x \cdot X_{w1} \cdot r_{11} + f_x \cdot Y_{w1} \cdot r_{12} + f_x \cdot Z_{w1} \cdot r_{13} + (u_0 - u_1) \cdot X_{w1} \cdot r_{31} + \\
(u_0 - u_1) Y_{w1} \cdot r_{32} + (u_0 - u_1) \cdot Z_{w1} \cdot r_{33} + f_x \cdot t_1 + \\
(u_0 - u_1) \cdot t_3 = 0 \\[4pt]
f_y \cdot X_{w1} \cdot r_{21} + f_y \cdot Y_{w1} \cdot r_{22} + f_y \cdot Z_{w1} \cdot r_{23} + (v_0 - v_1) \cdot X_{w1} \cdot r_{31} + \\
(v_0 - v_1) \cdot Y_{w1} \cdot r_{32} + (v_0 - v_1) \cdot Z_{w1} \cdot r_{33} + f_y \cdot t_2 + \\
(v_0 - v_1) \cdot t_3 = 0 \\[4pt]
f_x \cdot X_{w2} \cdot r_{11} + f_x \cdot Y_{w2} \cdot r_{12} + f_x \cdot Z_{w2} \cdot r_{13} + (u_0 - u_2) \cdot X_{w2} \cdot r_{31} + \\
(u_0 - u_2) \cdot Y_{w2} \cdot r_{32} + (u_0 - u_2) \cdot Z_{w2} \cdot r_{33} + f_x \cdot t_1 + \\
(u_0 - u_2) \cdot t_3 = 0 \\[4pt]
f_y \cdot X_{w2} \cdot r_{21} + f_y \cdot Y_{w2} \cdot r_{22} + f_y \cdot Z_{w2} \cdot r_{23} + (v_0 - v_2) \cdot X_{w2} \cdot r_{31} + \\
(v_0 - v_2) \cdot Y_{w2} \cdot r_{32} + (v_0 - v_2) \cdot Z_{w2} \cdot r_{33} + f_y \cdot t_2 + \\
(v_0 - v_2) \cdot t_3 = 0 \\[4pt]
f_x \cdot X_{w3} \cdot r_{11} + f_x \cdot Y_{w3} \cdot r_{12} + f_x \cdot Z_{w3} \cdot r_{13} + (u_0 - u_3) \cdot X_{w3} \cdot r_{31} + \\
(u_0 - u_3) \cdot Y_{w3} \cdot r_{32} + (u_0 - u_3) \cdot Z_{w3} \cdot r_{33} + f_x \cdot t_1 + \\
(u_0 - u_3) \cdot t_3 = 0 \\[4pt]
f_y \cdot X_{w3} \cdot r_{21} + f_y \cdot Y_{w3} \cdot r_{22} + f_y \cdot Z_{w3} \cdot r_{23} + (v_0 - v_3) \cdot X_{w3} \cdot r_{31} + \\
(v_0 - v_3) \cdot Y_{w3} \cdot r_{32} + (v_0 - v_3) \cdot Z_{w3} \cdot r_{33} + f_y \cdot t_2 + \\
(v_0 - v_3) \cdot t_3 = 0
\end{cases}
$$

$$(7.9)$$

式(7.9)中，未知数 r 由相机坐标相对世界坐标在 X、Y、Z 三个方向上旋转而来，求解方程组时，先不考虑三角函数，按照线性方程组进行求解。这里主要对线性方程组的数值解法进行讨论。

含多个未知量 x_1，x_2，…，x_n 的线性方程组是自然科学、工程技术及社会科学中许多问题的最终表达，如下：

$$\begin{cases} a_{11}x_1 + a_{12}x_2 + \cdots + a_{1n}x_n = b_1 \\ a_{21}x_1 + a_{22}x_2 + \cdots + a_{2n}x_n = b_2 \\ \qquad\qquad\vdots \\ a_{n1}x_1 + a_{n2}x_2 + \cdots + a_{nn}x_n = b_n \end{cases} \tag{7.10}$$

对应的矩阵形式为

$$\boldsymbol{A} \cdot \boldsymbol{x} = \boldsymbol{B} \tag{7.11}$$

式中，$\boldsymbol{A}$ 称为系数矩阵，$\boldsymbol{x}$ 称为解向量，$\boldsymbol{B}$ 称为右端常数向量。求解线性方程组的数值解法有直接法和迭代法两类。直接法有高斯消去法、选主元消去法和矩阵三角分解法；迭代法有雅克比迭代法和高斯—赛德尔迭代法。

高斯消去法的基本思想是利用逐步消元将方程组化成上三角形的同解方程组，通过回代法解三角形方程组而得到原方程组的解，具体由两步完成：消元，自上而下，用初等行变换上三角形方程组，对 n 阶线性方程组由 $n-1$ 步完成；回代，自下而上，逐步带入。该方法对系数矩阵 $\boldsymbol{A}$ 的要求是严格对角占优。

选主元消去法分为列选主元消去法和全选主元消去法，这一方法用来克服高斯消去法中要求系数矩阵严格对角占优的局限。

① 列选主元消去法是在高斯消去法的消元过程中，把列未知数的系数绝对值最大者作为主元，以行变换来进行消元，未知数顺序不变。其缺点是计算过程不稳定，不适合求解较大规模的线性方程组。

② 全选主元消去法是在所有未知数系数中选择绝对值最大的作为主元，接着变换行、列，使主元素位于对角线位置来进行消元。该方法具有比列选主元消去法精度高的优点，存在的缺点是运算量大，不适于实际应用。

将原复杂方程组转化为两个简单三角方程组的方法称为 LU 分解法。矩阵的三角分解法利用 LU 进行分解。式(7.10)等价转化得到雅克比(Jacobi)迭代格式：

$$\begin{cases} x_1^{(k+1)} = \dfrac{1}{a_{11}}(b_1 - a_{12}x_2^{(k)} - a_{13}x_3^{(k)} - \cdots - a_{1n}x_n^{(k)}) \\ x_2^{(k+1)} = \dfrac{1}{a_{22}}(b_2 - a_{21}x_1^{(k)} - a_{23}x_3^{(k)} - \cdots - a_{2n}x_n^{(k)}) \\ \qquad\qquad\vdots \\ x_n^{(k+1)} = \dfrac{1}{a_{nn}}(b_n - a_{n1}x_1^{(k)} - a_{n2}x_2^{(k)} - \cdots - a_{n,n-1}x_{n-1}^{(k)}) \end{cases} \quad k = 0, 1, 2, \cdots$$

$$\tag{7.12}$$

式(7.12)可简写成

$$x_i^{(k+1)} = \frac{1}{a_{ii}} \Big(b_i - \sum_{\substack{j=1 \\ j \neq i}}^{n} a_{ij} x_j^{(k)} \Big) \quad i = 1, 2, \cdots, n \tag{7.13}$$

利用 Jacobi 迭代格式对方程组进行迭代求解的过程称为雅克比迭代法。

高斯—赛德尔迭代法与雅克比迭代法的区别在于：迭代过程中及时用 $x_i^{(k+1)}$ 代替 $x_i^{(k)}$，因为 $x_i^{(k+1)}$ 比 $x_i^{(k)}$ 更接近方程解，以期望得到更好的迭代结果，迭代格式为

$$\begin{cases} x_1^{(k+1)} = \dfrac{1}{a_{11}} (b_1 - a_{12} x_2^{(k)} - a_{13} x_3^{(k)} - \cdots - a_{1n} x_n^{(k)}) \\[2mm] x_2^{(k+1)} = \dfrac{1}{a_{22}} (b_2 - a_{21} x_1^{(k+1)} - a_{23} x_3^{(k)} - \cdots - a_{2n} x_n^{(k)}) \\[2mm] \qquad\qquad\qquad\qquad \vdots \\[2mm] x_n^{(k+1)} = \dfrac{1}{a_{nn}} (b_n - a_{n1} x_1^{(k+1)} - a_{n2} x_2^{(k+1)} - \cdots - a_{n, n-1} x_{n-1}^{(k+1)}) \end{cases} \quad k = 0, 1, 2, \cdots \tag{7.14}$$

式(7.14)简写后为

$$x_i^{(k+1)} = \frac{1}{a_{ii}} \Big(b_i - \sum_{j=1}^{i-1} a_{ij} x_j^{(k+1)} - \sum_{j=i+1}^{n} a_{ij} x_j^{(k)} \Big) \quad i = 1, 2, \cdots, n \tag{7.15}$$

以上方法中，直接法主要用来求解低价稠密方程组，迭代法则主要用来求解高阶稀疏方程组。

7.3　显著特征点列选主元消去法

结合式(7.9)的具体问题与以上线性方程组的求解方法分析，在线性方程组规模不是很大时，列选主元消去法比全选主元消去法计算成本小。本节介绍一种基于二维纹理图像与三维模型间显著特征点的列选主元消去法，简称列主元显著特征法(Columns Main Element Remarkable Feature，CMERF)。

首先用列选主元消去法消元，接着用二分法求解方程，最后回代求解其他方程组的解。引入 6 组特征点来求解 12 个未知数，得到含 12 个方程的方程组：

$$\begin{cases} (1)\ f_x \cdot X_{w1} \cdot r_{11} + f_x \cdot Y_{w1} \cdot r_{12} + f_x \cdot Z_{w1} \cdot r_{13} + (u_0 - u_1) \cdot X_{w1} \cdot r_{31} + \\ \qquad (u_0 - u_1) \cdot Y_{w1} \cdot r_{32} + (u_0 - u_1) \cdot Z_{w1} \cdot r_{33} + f_x \cdot t_1 + \\ \qquad (u_0 - u_1) \cdot t_3 = 0 \end{cases}$$

(2) $f_y \cdot X_{w1} \cdot r_{21} + f_y \cdot Y_{w1} \cdot r_{22} + f_y \cdot Z_{w1} \cdot r_{23} + (v_0 - v_1) \cdot X_{w1} \cdot r_{31} +$
$(v_0 - v_1) \cdot Y_{w1} \cdot r_{32} + (v_0 - v_1) \cdot Z_{w1} \cdot r_{33} + f_y \cdot t_2 +$
$(v_0 - v_1) \cdot t_3 = 0$

(3) $f_x \cdot X_{w2} \cdot r_{11} + f_x \cdot Y_{w2} \cdot r_{12} + f_x \cdot Z_{w2} \cdot r_{13} + (u_0 - u_2) \cdot X_{w2} \cdot r_{31} +$
$(u_0 - u_2) \cdot Y_{w2} \cdot r_{32} + (u_0 - u_2) \cdot Z_{w2} \cdot r_{33} + f_x \cdot t_1 +$
$(u_0 - u_2) \cdot t_3 = 0$

(4) $f_y \cdot X_{w2} \cdot r_{21} + f_y \cdot Y_{w2} \cdot r_{22} + f_y \cdot Z_{w2} \cdot r_{23} + (v_0 - v_2) \cdot X_{w2} \cdot r_{31} +$
$(v_0 - v_2) \cdot Y_{w2} \cdot r_{32} + (v_0 - v_2) \cdot Z_{w2} \cdot r_{33} + f_y \cdot t_2 +$
$(v_0 - v_2) \cdot t_3 = 0$

(5) $f_x \cdot X_{w3} \cdot r_{11} + f_x \cdot Y_{w3} \cdot r_{12} + f_x \cdot Z_{w3} \cdot r_{13} + (u_0 - u_3) \cdot X_{w3} \cdot r_{31} +$
$(u_0 - u_3) \cdot Y_{w3} \cdot r_{32} + (u_0 - u_3) \cdot Z_{w3} \cdot r_{33} +$
$f_x \cdot t_1 + (u_0 - u_3) \cdot t_3 = 0$

(6) $f_y \cdot X_{w3} \cdot r_{21} + f_y \cdot Y_{w3} \cdot r_{22} + f_y \cdot Z_{w3} \cdot r_{23} + (v_0 - v_3) \cdot X_{w3} \cdot r_{31} +$
$(v_0 - v_3) \cdot Y_{w3} \cdot r_{32} + (v_0 - v_3) \cdot Z_{w3} \cdot r_{33} + f_y \cdot t_2 +$
$(v_0 - v_3) \cdot t_3 = 0$

(7) $f_x \cdot X_{w4} \cdot r_{11} + f_x \cdot Y_{w4} \cdot r_{12} + f_x \cdot Z_{w4} \cdot r_{13} + (u_0 - u_4) \cdot X_{w4} \cdot r_{31} +$
$(u_0 - u_4) \cdot Y_{w4} \cdot r_{32} + (u_0 - u_4) \cdot Z_{w4} \cdot r_{33} + f_x \cdot t_1 +$
$(u_0 - u_4) \cdot t_3 = 0$

(8) $f_y \cdot X_{w4} \cdot r_{21} + f_y \cdot Y_{w4} \cdot r_{22} + f_y \cdot Z_{w4} \cdot r_{23} + (v_0 - v_4) \cdot X_{w4} \cdot r_{31} +$
$(v_0 - v_4) \cdot Y_{w4} \cdot r_{32} + (v_0 - v_4) \cdot Z_{w4} \cdot r_{33} + f_y \cdot t_2 +$
$(v_0 - v_4) \cdot t_3 = 0$

(9) $f_x \cdot X_{w5} \cdot r_{11} + f_x \cdot Y_{w5} \cdot r_{12} + f_x \cdot Z_{w5} \cdot r_{13} + (u_0 - u_5) \cdot X_{w5} \cdot r_{31} +$
$(u_0 - u_5) \cdot Y_{w5} \cdot r_{32} + (u_0 - u_2) \cdot Z_{w2} \cdot r_{33} + f_x \cdot t_1 +$
$(u_0 - u_5) \cdot t_3 = 0$

(10) $f_y \cdot X_{w5} \cdot r_{21} + f_y \cdot Y_{w5} \cdot r_{22} + f_y \cdot Z_{w5} \cdot r_{23} + (v_0 - v_5) \cdot X_{w5} \cdot r_{31} +$
$(v_0 - v_5) \cdot Y_{w5} \cdot r_{32} + (v_0 - v_5) \cdot Z_{w5} \cdot r_{33} + f_y \cdot t_2 +$
$(v_0 - v_5) \cdot t_3 = 0$

(11) $f_x \cdot X_{w6} \cdot r_{11} + f_x \cdot Y_{w6} \cdot r_{12} + f_x \cdot Z_{w6} \cdot r_{13} + (u_0 - u_6) \cdot X_{w6} \cdot r_{31} +$
$(u_0 - u_6) \cdot Y_{w6} \cdot r_{32} + (u_0 - u_6) \cdot Z_{w6} \cdot r_{33} + f_x \cdot t_1 +$
$(u_0 - u_6) \cdot t_3 = 0$

(12) $f_y \cdot X_{w6} \cdot r_{21} + f_y \cdot Y_{w6} \cdot r_{22} + f_y \cdot Z_{w6} \cdot r_{23} + (v_0 - v_6) \cdot X_{w6} \cdot r_{31} +$
$(v_0 - v_6) \cdot Y_{w6} \cdot r_{32} + (v_0 - v_6) \cdot Z_{w6} \cdot r_{33} + f_y \cdot t_2 +$
$(v_0 - v_6) \cdot t_3 = 0$

$$(7.16)$$

7.3.1　非均匀多视角显著特征点的选取

　　这里以唐三彩中的仕女俑为例，进行客观世界实物模型的二维纹理采集与三维模型获取。对于客观世界中的某一实物模型，采用基于纹理分布的非均匀多视角纹理采集方法获取 6 幅纹理图像，使用三维扫描仪及相关处理软件获得基本模型。非均匀多视角纹理采集方法根据纹理分布特点，设定不同的观察视角。每幅图像与基本模型之间在对应的视角上选择 6 组显著特征点，提供给该视角对应的方程组（7.16）计算相机外参，如图 7.5 所示。

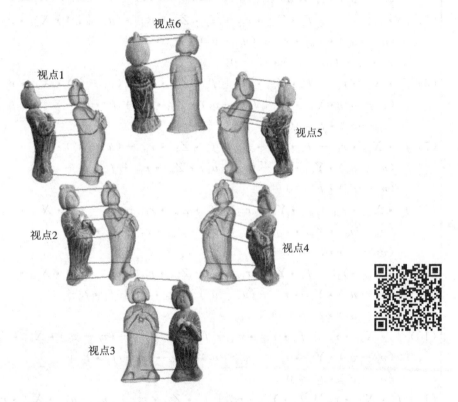

图 7.5　多视点显著特征点选取

　　显著特征点的选取首先遵循均匀分布的原则，确保反映该视角上的整体透视投影关系；然后选择表面曲率交叉处的点，确保二维图像像素点与三维模型空间点准确对应。图 7.5 中从左上开始是视点 1，按逆时针方向依次是视点 2～视点 6，各视点中 6 组特征点值如表 7.1～7.6 所示。

表 7.1　视点 1 的 6 组显著特征点值

特征点	二维特征点坐标	三维特征点坐标
1	705,455	−27.271,−1.692,116.064
2	1179,718	1.486,−24.425,113.136
3	257,1278	1.186,21.574,86.417
4	1050,2236	2.589,−18.609,38.747
5	253,2859	1.486,17.685,12.831
6	1075,3096	−15.115,−21.664,−0.135

表 7.2　视点 2 的 6 组显著特征点值

特征点	二维特征点坐标	三维特征点坐标
1	400,90	−17.087,−0.943,133.518
2	275,1120	−22.253,3.833,84.756
3	335,1997	−25.493,−6.163,48.383
4	1093,2553	12.978,−18.076,12.794
5	200,2700	−23.372,2.03,9.455
6	983,2922	1.486,−23.394,−0.838

表 7.3　视点 3 的 6 组显著特征点值

特征点	二维特征点坐标	三维特征点坐标
1	152,467	−27.69,−1.751,117.096
2	1248,479	30.662,−1.751,117.096
3	312,1099	−21.259,3.36,85.443
4	1200,1815	28.619,−6.909,48.828
5	280,2019	−20.845,−0.228,41.007
6	688,2947	1.486,−23.394,−0.838

表 7.4 视点 4 的 6 组显著特征点值

特征点	二维特征点坐标	三维特征点坐标
1	1036, 396	30.4, −1.715, 116.746
2	209, 1128	1.486, −18.988, 86.164
3	161, 2046	1.486, −22.659, 40.433
4	173, 2580	−14.274, −16.073, 11.168
5	1078, 2664	26.014, 1.773, 11.358
6	658, 3066	18.086, −21.664, −0.135

表 7.5 视点 5 的 6 组显著特征点值

特征点	二维特征点坐标	三维特征点坐标
1	730, 400	30.4, −1.715, 116.746
2	1030, 1200	1.486, 23.288, 86.863
3	1155, 1810	1.486, 25.529, 53.579
4	1010, 2145	1.486, 21.194, 40.433
5	990, 2740	1.486, 18.115, 13.514
6	190, 3055	8.47, −26.624, −0.6

表 7.6 视点 6 的 6 组显著特征点值

特征点	二维特征点坐标	三维特征点坐标
1	355, 145	19.356, −0.884, 133.619
2	1230, 470	−16.384, −0.884, 133.619
3	1100, 1068	−21.717, 3.969, 86.863
4	211, 1888	−3.329, −28.325, 50.622
5	1155, 1992	−23.003, −0.155, 40.43
6	746, 2940	1.486, 17.597, −1.032

将表 7.1 的数值带入式(7.16)，系数用 $a_{ij}(1 \leqslant i \leqslant 12; 1 \leqslant j \leqslant 12)$ 表示，便得到该视点的线性透视投影方程组，每行有 4 项系数为 0，系数构成 12×12 的方阵，即

$$\begin{cases} (1)\ a_{1,1} \cdot r_{11} + a_{1,2} \cdot r_{12} + a_{1,3} \cdot r_{13} + \cdots + a_{1,10} \cdot t_1 + a_{1,11} \cdot t_2 + a_{1,12} \cdot t_3 = 0 \\ (2)\ a_{2,1} \cdot r_{11} + a_{2,2} \cdot r_{12} + a_{2,3} \cdot r_{13} + \cdots + a_{2,10} \cdot t_1 + a_{2,11} \cdot t_2 + a_{2,12} \cdot t_3 = 0 \\ \qquad\qquad\qquad\qquad\qquad\vdots \\ (12)\ a_{12,1} \cdot r_{11} + a_{12,2} \cdot r_{12} + a_{12,3} \cdot r_{13} + \cdots + a_{12,10} \cdot t_1 + a_{12,11} \cdot t_2 + a_{12,12} \cdot t_3 = 0 \end{cases}$$

$$(7.17)$$

7.3.2　CMERF 的求解过程

CMERF 的求解过程分三步完成，分别是消元过程、回代过程和整理解过程。用方程组的增广矩阵作为需要消元对象的简化形式，具体算法步骤如下：

（1）输入增广矩阵 $\boldsymbol{A}(n, n+1)$ 及阶数 n。

（2）按列选取主元 l，使得

$$|a_{lk}| = \max_{k \leqslant i \leqslant 12} |a_{ik}| \neq 0$$

（3）若 $l \neq k$，则交换第 l 行与第 k 行元素。

（4）消元：

$$a_{ik} \leftarrow \frac{a_{ik}}{a_{kk}} \qquad i = k+1, k+2, \cdots, 12$$

$$a_{ij} \leftarrow a_{ij} - a_{ik} a_{kj} \qquad i = k+1, k+2, \cdots, 12; \ j = k+1, k+2, \cdots, 13$$

（5）回代：

$$x_i \leftarrow a_{i,n+1} - \sum_{j=i+1}^{n} a_{ij} x_j \qquad i = n, n-1, \cdots, 1$$

（6）输出、整理解向量：旋转矩阵 $\boldsymbol{R}$、平移矩阵 $\boldsymbol{T}$。

7.3.3　透视投影多视角表面纹理重建

通过 7.3.2 节的求解过程得到线性方程组的解，即二维纹理图像与三维模型间的映射关系。利用这一映射关系，计算纹理图像像素点对应的三维空间点坐标，实现表面纹理图像的映射，即可完成色彩纹理重建。设纹理图像像素点集合为 X，纹理映射的计算即求解三维空间点坐标 Y，则有

$$\boldsymbol{Y} = \boldsymbol{R} \cdot \boldsymbol{X} + \boldsymbol{T}$$

$$(7.18)$$

7.4　老化模拟在模型真实感上的探讨

色彩纹理重建后的模型效果光鲜明亮，而自然环境中，物体的真实感效果是在一些外观的局部瑕疵（如灰尘、污垢）衬托下显现的。其中，尤以文物上的种种小瑕疵更加凸显其历史韵味。所以，重建后的光鲜彩色模型，在绘制中为使其更逼真，可考虑增加瑕疵模拟的效果。本节主要讨论老化模拟方法，分析其相关研究及在色彩重建模型上的瑕疵真实感绘制方法。

7.4.1　老化模拟现象研究分析

传统绘制方法基于光线和材质，给模型带来光滑、洁净特点的同时，对于真实感效果有所削弱。为了提高绘制的真实感，近年来风化现象、物体外观老化被作为重要内容研究。这些研究旨在模拟三维模型的外观瑕疵，瑕疵的形成原因有物理作用、化学作用及生物作用。

现实中大多数瑕疵的形成是从表面一个或多个瑕疵源开始，然后向其周围进行均匀、自然的扩散，例如金属表面的生锈、衣物上的油污等。针对瑕疵扩散问题，这里分析以测地距离作为扩散因子的瑕疵外观模拟方法，主要有以下4步：

（1）根据三维模型自身及其所处的具体环境与用途选取瑕疵源位置与个数。

（2）计算各瑕疵源的测地距离，并选取最小值的位置点作为相应的老化因子。

（3）结合环境因素，确定瑕疵扩散的阈值，生成瑕疵区域。

（4）光照模型渲染瑕疵外观。

Mérillo S 于 2008 年对缺陷模拟与生成瑕疵的相关研究作了综合分析，绘制中的老化模拟研究着重物理、生物及化学原因。物理老化主要有灰尘堆积、裂痕、划痕、冲刷与脱落等。研究者从两方面模拟真实感的灰尘堆积现象，即灰尘堆积形成模拟与外部因素影响模拟。首先用经验知识以光源来类比灰尘源而模拟灰尘堆积的形成，然后提出外部因素会导致暴露部分堆积大量灰尘。研究人员提出一种用弹簧质子原理模拟泥土裂缝与断裂的方法。影响划痕状态的主要因素有物体材质、受力大小和表面纹路曲线，其中前两者是物理参数，后者是控制因素。通过定义粒子物理特性（如重力、摩擦力、粗糙度等）及外部影响因素（如风）来控制粒子运动，提出基于粒子系统的水流冲刷老化模拟方法。

化学老化主要有生锈，建筑材料与石材的褪色、风化等。研究者使用一系列环境因子，如重力、曲率、土壤性质等，考虑环境与物体的相互作用，提出一种物理启发的 L-系统来模拟埋于地下物体上的生锈方法。对于层状结构的铜绿，每一层随机选取传播顶点，以 L-系统指导模拟。将矿物质附着在块数据结构上来模拟老化过程。

生物老化主要有水果萎蔫现象与生物生长过程。研究者引入开放式扩散限制的聚合方法，针对不同种类的地衣，提出一种模拟地衣表面生长的方法以及基于有限元方法的水果萎蔫现象建模框架。

基于照片范本的老化现象模拟方法于近年被提出，老化现象相关数据是利用多幅照片的特点进行分析处理而获得的，如随时间变化的表面反射系数、表面几何信息与几何函数，利用这些数据产生相关的纹理。

7.4.2　色彩重建模型的老化模拟考虑

表面所刷漆脱落造成的褪色是陶制文物的一类重要褪色问题，如图 7.6 所示。色彩复原中可参考的实物色彩非常稀少，所以考虑留下来的珍贵彩色照片，采用基于照片范本的老化现象模拟方法。考虑到高斯曲率较大的地方往往是漆皮脱落的开始位置，所以可选择高斯曲率大的地方作为瑕疵源，结合相关文献对灰尘堆积进行模拟。综上，联合基于照片范本的老化现象模拟方法和高斯曲率瑕疵源法，作为对文物表面老化现象模拟的考虑。

图 7.6　文物表面老化现象

7.5　仿 真 验 证

图 7.7 是色彩纹理待重建模型的基模，下面将对基于多视角褪色文物表面色彩纹理重建进行实验验证。色彩重建分为 4 个步骤，即多视角纹理采集、色彩复原、多视角纹理重建和色彩重建后模型展示。

图 7.7　基模

这里以小熊模型的色彩重建为例进行说明，如图 7.8 所示。

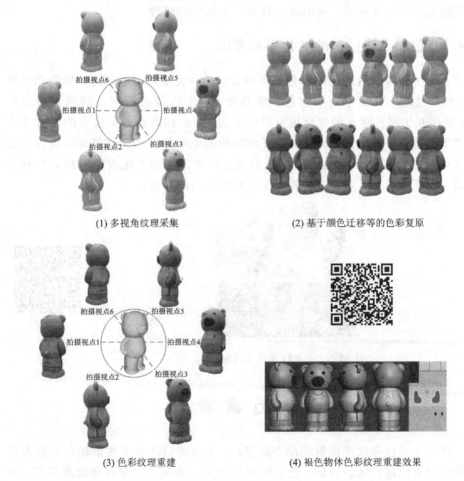

(1) 多视角纹理采集　　　　　(2) 基于颜色迁移等的色彩复原

(3) 色彩纹理重建　　　　　(4) 褪色物体色彩纹理重建效果

图 7.8　基于多视角的褪色物体色彩重建过程

第一步，按照非均匀采集策略进行褪色物体多视角纹理采集；第二步，利用颜色迁移技术完成多视角褪色图像的色彩复原；第三步，基于显著特征点进行多视角纹理重建；第四步是最终的色彩纹理重建效果。后面分别给出唐三彩仕女、将军俑、跪射俑的三维扫描模型以及从多个视角拍摄的纹理图像，并按照图 7.8 的过程完成对应的色彩重建。

7.5.1　非均匀多视角纹理采集

对唐三彩仕女、将军俑、跪射俑分别从多个视角非均匀地采集纹理，如图 7.9～图 7.11 所示。唐三彩仕女、将军俑分别已有彩色模型，将其褪色，验证本节方法。跪射俑为褪色兵马俑，实验中将绿色青龙瓦当的颜色用本节方法迁移给跪射俑，然后进行基于多视角的纹理重建。

图 7.9　唐三彩仕女非均匀多视角纹理采集

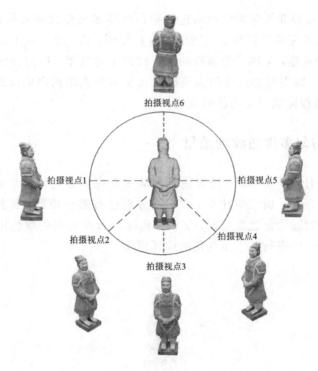

图 7.10 将军俑非均匀多视角纹理采集

图 7.11 跪射俑非均匀多视角纹理采集

7.5.2　色彩复原

　　色彩复原是色彩重建的第二步工作，应用改进颜色迁移算法，参考的彩色图像、灰色图像以及复原的效果如图 7.12～图 7.15 所示。为了体现更精确的色彩复原效果，后期研究考虑基于知识库索引的彩色参考图像检索方法。图 7.15 体现的是无准确对应彩色参考图像时，将青龙瓦当的颜色迁移至跪射俑的色彩复原效果。

图 7.12　三个模型的彩色参考图像

图 7.13　唐三彩仕女褙色多视角图像序列与复原后图像序列

图 7.14　将军俑褪色多视角图像序列与复原后图像序列

这里再次强调颜色迁移与直接上色的不同以及前者的优势。颜色迁移易实现图 7.13、图 7.14 的效果，直接上色则不易实现，同时也不能保证色彩的自然性和连续性。图 7.15 中通过颜色迁移技术能自然而连续地实现色彩重现，而直接上色只能是简单地赋予颜色。通过准确的知识库索引，颜色迁移能够复原出接近原跪射俑的色彩。

图 7.15　跪射俑褪色多视角图像序列与复原后图像序列

7.5.3　基于显著特征点的纹理重建

　　色彩重建的第三步工作是利用基于透视投影矩阵的显著特征点即多视角纹理重建方法完成色彩纹理重建，其效果如图 7.16～图 7.18 所示。

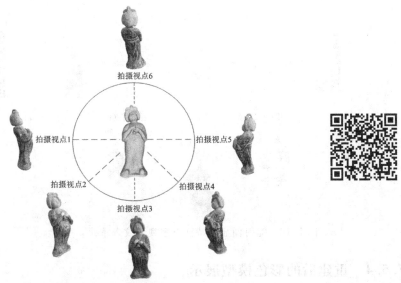

图 7.16　唐三彩仕女显著特征点多视角纹理重建

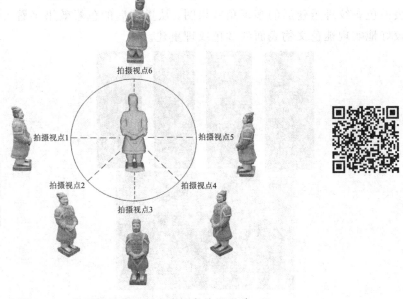

图 7.17　将军俑显著特征点多视角纹理重建

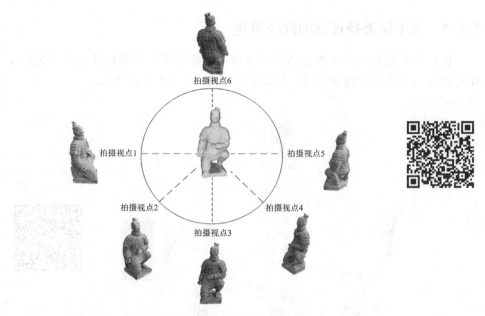

图 7.18　跪射俑显著特征点多视角纹理重建

7.5.4　重建后的彩色模型展示

图 7.19~图 7.21 分别是唐三彩仕女、将军俑、跪射俑按照前述方法进行表面色彩纹理重建后的多视角效果图。从重建后的色彩效果来看，该方法能够较好地实现褪色文物表面的颜色纹理重建。

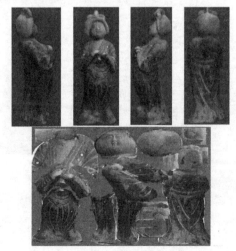

图 7.19　唐三彩仕女表面色彩重建后的彩色模型及其多视角纹理贴图

图 7.20　将军俑表面色彩重建后的彩色模型及其多视角纹理贴图

图 7.21　跪射俑表面色彩重建后的彩色模型及其多视角纹理贴图

对褪色物体进行的色彩重建可通过实验看出其效果。色彩重建过程中仍存在的问题有：

（1）彩色参考图像与褪色图像匹配程度较高时，改进的颜色迁移算法有较好的匹配对象，能够产生较好的色彩复原效果。这也就是彩色参考图像的准确性问题，可考虑利用知识库索引技术，为褪色文物色彩复原问题建立针对性的知识库；可将专家经验、古颜色元素、本体结构等信息进行融合，支撑褪色文物色彩复原。

（2）彩色参考图像与褪色图像不完全匹配时，改进的颜色迁移算法能够较好地学习到彩色参考图像的颜色基调。若要复原具体部位的颜色，需采用图像分割技术分离出彩色参考图像具体对应的部分，然后对分离出的部分进行颜色迁移，最后借助图像拼接技术合成该视角的纹理图像。本书在这部分主要研究颜色迁移技术，对图像分割与拼接技术未进行研究。

本 章 小 结

多视角褪色纹理图像色彩复原后的表面纹理重建是本章的主要内容。本章基于摄影测量学原理，利用相机标定技术，分析了重建中照片像点、相机光心和模型物点三者间的几何关系，在总结、分析三点共线方程建立透视投影矩阵的基础上，得出了表面重建的数学模型——多视角透视投影方程组，并且对相机标定技术的相关方法与研究现状作了讨论；同时，用线性方程组的数值解法求解多视角透视投影方程组，具体分析了线性方程组的各种数值解法。

本章基于共线方程的多视角纹理重建技术的具体特点体现在：

（1）利用基于显著特征点的列选主元消去法，求解多视角透视投影矩阵方程组。该方法通过各视角手动选取 6 组 2D—3D 显著特征对应点，使得列选主元消去法计算过程简单、高效，结果准确。

（2）对色彩重建的模型真实感作了讨论，并分析了老化模拟方法在增强真实感逼真效果上的作用，总结了老化模拟的相关研究。

参 考 文 献

[1]　ZHAO M，AN B W，WU Y P，et al. RFVTM：a recovery and filtering vertex trichotomy matching for remote sensing image registration[J]. IEEE Transactions on Geoscience and Remote Sensing，2017，5(1)：375 - 391.

[2]　MURPHY J M，LE MOIGNE J，HARDING D J. Automatic image registration of multimodal remotely sensed data with global Shearlet features[J]. IEEE Transactions on Geoscience and Remote Sensing，2016，54(3)：1685 - 1704.

[3]　SEDAGHAT A，EBADI H. Remote sensing image matching based on adaptive binning SIFT descriptor[J]. IEEE Transactions on Geoscience and Remote Sensing，2015，53(10)：5283 - 5293.

[4]　MA J Y，ZHOU H B，ZHAO J，et al. Robust feature matching for remote sensing image registration via locally linear transforming[J]. IEEE Transactions on Geoscience and Remote Sensing，2015，53(12)：6469 - 6481.

[5]　SONG Z L，ZHOU S G，GUAN J H. A novel image registration algorithm for remote sensing under affine transformation[J]. IEEE Transactions on Geoscience and Remote Sensing，2014，52(8)：4895 - 4912.

[6]　于瑾，陈超，高楠，等. 基于相位标靶的相机标定[J]. 激光与光电子学进展，2018，55(11)：270 - 276.

[7]　吴芳青，杨扬，潘安宁，等. 利用混合特征的多视角遥感图像配准[J]. 中国图象图形学报，2017，22(8)：1154 - 1161.

[8]　郑寇全，杨文静，张继周，等. 基于 ZM 相特征描述符的图像配准方法[J]. 计算机应用研究，2017，34(1)：279 - 282.

[9]　王薇，王展青. 多尺度特征点聚类的图像配准算法[J]. 小型微型计算机系统，2017，38(11)：2597 - 2603.

[10]　唐洁，邵壮，张春燕. 无人机图像拼接技术的应用研究[J]. 佳木斯大学学报：自然科学版，2017，35(6)：918 - 921.

[11]　邹朋朋，张滋黎，王平，等. 基于共线向量与平面单应性的双目相机标定方法[J]. 光学学报，2017，37(11)：244 - 252.

[12]　董强，刘晶红，周前飞. 用于遥感图像拼接的改进 SURF 算法[J]. 吉林大学学报(工)，2017，47(5)：321 - 329.

[13]　钱叶青，蔡国榕，吴云东. 一种 PSO 与互信息的多视角遥感图像配准算法[J]. 辽宁工程技术大学学报，2015(10)：1201 - 1206.

附　　录

第 6 章 方法 2 核心代码：

```
X＝imread("参考图路径")；
Y＝imread("复原图路径")；
hx＝X(:,:,1)；
sx＝X(:,:,2)；
vx＝X(:,:,3)；
hy＝Y(:,:,1)；
sy＝Y(:,:,2)；
vy＝Y(:,:,3)；
[r,c]＝size(hx)；
mse1＝double(0)；
for i＝1:256
t11(i)＝double(0)；
t12(i)＝double(0)；
s11(i)＝double(0)；
end
for i＝1:r
for j＝1:c
t11(hx(i,j)＋1)＝t11(hx(i,j)＋1)＋1；
t12(hy(i,j)＋1)＝t12(hy(i,j)＋1)＋1；
end
end
z1＝0；
for i＝1:256
    if t11(i)＞0
        if t12(i)＞0
            s11(i)＝abs(log(double(t11(i)/(r＊c)))/log(2)－log(double(t12(i)/
                (r＊c)))/log(2))；
```

```
            z1＝z1＋1;
        end
    end
end
for i＝1:256
    mse1＝mse1＋s11(i);
end
mse1＝mse1/z1;
mse2＝double(0);
for i＝1:256
t11(i)＝double(0);
t12(i)＝double(0);
s11(i)＝double(0);
end
for i＝1:r
for j＝1:c
t11(sx(i,j)＋1)＝t11(sx(i,j)＋1)＋1;
t12(sy(i,j)＋1)＝t12(sy(i,j)＋1)＋1;
end
end
z2＝0;
for i＝1:256
    if t11(i)＞0
        if t12(i)＞0
            s11(i)＝abs(log(double(t11(i)/(r＊c)))/log(2)－log(double(t12(i)/
                (r＊c)))/log(2));
            z2＝z2＋1;
        end
    end
end
for i＝1:256
    mse2＝mse2＋s11(i);
end
mse2＝mse2/z2;
mse3＝double(0);
for i＝1:256
    t11(i)＝double(0);
```

```
        t12(i)＝double(0);
        s11(i)＝double(0);
    end
for i＝1:r
for j＝1:c
t11(vx(i,j)＋1)＝t11(vx(i,j)＋1)＋1;
t12(vy(i,j)＋1)＝t12(vy(i,j)＋1)＋1;
end
end
z3＝0;
for i＝1:256
    if t11(i)＞0
        if t12(i)＞0
            s11(i)＝abs(log(double(t11(i)/(r＊c)))/log(2)－log(double(t12(i)/
                (r＊c)))/log(2));
            z3＝z3＋1;
        end
    end
end
for i＝1:256
    mse3＝mse3＋s11(i);
end
mse3＝mse3/z3;
global psnr01;
psnr01＝(mse1＋mse2＋mse3)/3;
```

％得到第一幅图的评价值 psnr01，依照此方法得出其他图的评价值，进行对比，值最小者为最优图